ДЕРЕК ПРИНС

Вера, которой жив будешь

Вот, душа надменная не успокоится,
а праведный своею верою жив будет

— Аввакума 2:4

Всем принявшим с нами
равно драгоценную веру
по правде Бога нашего
и Спасителя Иисуса Христа

— 1 Петра 1:1

FAITH TO LIVE BY
Derek Prince

НАЗНАЧЕНИЕ В ИЕРУСАЛИМ
Дерек Принс

Переведено и издано
Служением Дерека Принса на русском языке

Вы можете обратиться к нам через интернет:
info@derekprince.ru

По вопросам заказа этой книги Вы можете обратиться:

Служение Дерека Принса в России:

+**79-652-43-00-11**
+**79-296-07-28-94**
+**79-859-35-52-24**

ripsik-75@mail.ru

Служение Дерека Принса в Украине:

+**38-097-77-26-482** KievStar
+**38-093-02-78-939** Life
+**38-066-28-64-926** Vodafone (MTC)

dpmukraine@gmail.com

Все материалы в интернете:

www.derekprince.ru
www.DerekPrinceUkraine.com

ISBN: 978-1-78263-057-9

Глава первая

ВЕРА И ВИДЕНИЕ

ВЕРА! Кто может полностью измерить или выразить тот потенциал, который заложен в этом коротком и простом слове − ВЕРА?

Чтобы лучше представить себе потенциал веры, давайте сравним два высказывания Иисуса:

…Богу же все возможно.

Матфея 19:26

…все возможно верующему.

Марка 9:23

В обоих высказываниях мы находим утверждение *«все возможно»*. В первом отрывке эти слова относятся к Богу; во втором — к тому, кто верит. Наверное, не так уж трудно согласиться с тем, что для Бога нет ничего невозможного. Но как принять то, что для верующего нет ничего невозможного? Тем не менее, именно об этом говорит Иисус.

Что это означает практически? Это означает: то, что возможно Богу, через веру становится возможным и для верующего. Вера является тем каналом, который открывает для нас доступ к безграничным Божьим возможностям. Посредством веры все, что возможно Богу, становится также возможным и для нас. Поэтому неудивительно, что от начала до конца Библии постоянно подчеркивается уникальная и чрезвычайная важность веры.

Определение веры

11-я глава Послания к Евреям посвящена исключительно теме веры. И в 1-м ее стихе дается определение веры:

Вера же есть осуществление ожидаемого и уверенность в невидимом.

Евреям 11:1

Этот стих констатирует два главных факта, относящихся к вере. Во-первых, *«вера есть осуществление ожидаемого»*. Учтем, что слово «осуществление» можно заменить однокоренным словом *«сущность»*, которое точнее выражает смысл греческого оригинала – слова *«хюпостасис»*. Буквально это слово означает «то, что находится под чем-то» или «является основанием чего-то».

Это же самое слово *«хюпостасис»* употребляется в Послании к Евреям 1:3, где мы читаем, что Иисус является *«образом ипостаси»* Бога. Смысл заключается в том, что Личность Бога-Отца является той вечной, невидимой, основополагающей реальностью, видимым выражением которой стал Иисус Христос, Сын. Применяя это к определению, данному в Послании к Евреям 11:1, мы можем сказать, что вера является той сущностью, основанием, фундаментом, на что мы надеемся. Без этого основания мы не получим ожидаемое. Настоящая вера – это нечто реальное, на что мы действительно можем положиться.

Во-вторых, вера — это *«уверенность в невидимом»*, она связывает нас с тем, что мы не видим.

Двумя стихами ниже подчеркивается связь веры с невидимой реальностью:

Верою познаем, что веки устроены словом Божиим, так что из невидимого произошло видимое.

Евреям 11:3

Здесь Писание указывает на разницу между вещами, которые можно увидеть и которые нельзя увидеть, — между видимым и невидимым. Наши органы чувств связывают нас с видимым миром. Но вера выводит нас за пределы видимого, в невидимое

— в ту основополагающую духовную реальность, из которой произошла вся наша видимая вселенная, — в реальность слова Божьего.

Итак, Библейская вера связана именно с этими двумя вечными невидимыми реалиями: Самим Богом и Его словом.

В обычной жизни мы употребляем слово «вера» в самых различных контекстах. Мы верим газете, лекарству или политическому деятелю. Но в Библии под верой подразумевается нечто иное. Библия подчеркивает уникальную связь веры с тем, что нельзя увидеть естественными глазами: во-первых, с Богом, а во-вторых, с Божьим словом.

Верою, а не видением

Во 2-м Послании к Коринфянам 5:7 апостол Павел подчеркивает разницу между верой и видением (естественным восприятием): *«ибо мы ходим верою, а не видением»*. Если в своей жизни мы руководствуемся тем, что видим, то мы не нуждаемся в вере. Если же мы ходим верою, то мы не будем руководиться тем, что видят наши глаза. Одно исключает другое.

Это противоречит нашему естественному образу мышления. Мир говорит: «Увижу, тогда поверю». Но Библия говорит наоборот: сначала мы должны поверить, а затем мы увидим. Этот принцип настолько важен, что мы обратимся к некоторым местам Писания, которые иллюстрируют его. Давид говорит в Псалме 26:13: *«Но я верую, что увижу благость Господа на земле живых»*.

Что на первом месте: вера или видение? — вера! То, что истинно для Давида, истинно для всех нас. Если мы не уверуем, что увидим благость Господа, то будем разочарованы. От разочарования нас сохранит не то, что мы видим, а то, во что мы верим.

Вот что говорится о Моисее в Послании к Евреям 11:27: *«Верою оставил он Египет, не убоявшись гнева царского; ибо он, как бы видя Невидимого, был тверд»*. Ничто в тех видимых обстоятельствах, которые сложились вокруг Моисея, не могло дать ему надежды и ободрения. Но не смотря на все, что было против него, он *«был тверд»*, потому что был способен видеть невидимое. Как это ему удавалось? — верой. Вера дает нам способность видеть невидимое и, таким образом, быть твердыми, когда в видимом мире нет ни надежды, ни ободрения.

Давайте обратимся к описанию воскресения из мертвых Лазаря в Евангелии от Иоанна 11:39-40:

> *Иисус говорит: отнимите камень. Сестра умершего, Марфа, говорит Ему: Господи! уже смердит; ибо четыре дня, как он во гробе. Иисус говорит ей: не сказал ли Я тебе, что, если будешь веровать, увидишь славу Божию?*

Здесь Иисус призывает Марфу к тому, к чему Он призывает всякого, кто желает увидеть славу Божью. Мы должны верить, что увидим. Наша вера не основывается на том, что видят наши глаза. Мы сначала верим, а затем, в результате веры, — мы видим. Вера предшествует видению.

В этом заключается основной конфликт между ветхой и новой природой. Ветхая природа требует видимого, поскольку она живет тем, что может увидеть, ощутить, воспринять органами чувств. Однако Бог освобождает нас от этой ветхой природы и этого старого образа жизни и предлагает нам новую природу и новый образ жизни. И тогда мы говорим: «Меня удовлетворяет то, что я не вижу. Я хожу верой, а не видением»

Во 2-м Послании к Коринфянам Павел снова бросает нам вызов, противопоставляя видимое и невидимое:

Ибо кратковременное легкое страдание наше производит в безмерном преизбытке вечную славу, когда мы смотрим не на видимое, но на невидимое: ибо видимое временно, а невидимое вечно.

2 Коринфянам 4:17-18

Здесь Павел допускает сознательный парадокс, он говорит: *«когда мы смотрим не на видимое, но на невидимое».* Как мы это делаем? — только верой!

Слово «когда» является очень важным: «страдание наше производит вечную славу, когда мы смотрим не на видимое, но на невидимое». Здесь подчеркивается тот же урок, который усвоил Моисей в своем испытании: согласно Божьему провидению, страдание является полезным для верующего. Оно формирует и укрепляет наш характер и подготавливает нас к предстоящей вечной славе. Но страдание идет нам на пользу только тогда, когда мы держим свой взгляд на невидимой реальности. Если мы теряем из виду вечность и с головой погружаемся в мир времени и чувств, то лишаемся способности получить те благословения, ради которых это испытание посылается нам.

Итак, мы находимся между двумя мирами — временным и вечным. Временное — это то, что мы видим, с чем соприкасаемся через органы чувств. Но Бог желает, чтобы мы взирали на вечное, действовали и чувствовали себя в сфере вечности, как дома. А это возможно только благодаря одному средству — вере. Вера связывает нас с невидимой реальностью Бога и Его слова.

Заключение

Вера поднимает нас выше уровня наших собственных способностей и открывает нам дверь к способностям Божьим. Вера соединяет нас с двумя невидимыми реалиями: Богом и Его словом. По мере того, как мы поддерживаем отношения с Богом через веру, мы способны устоять и преодолеть испытания и трудности повседневной жизни. Что, в свою очередь, открывает дверь для проявления Божьей благости и славы.

Между верой и видением существуют постоянные трения. Наша ветхая природа чувствует себя привычно и уютно в мире чувств и хочет видеть. Как христиане, мы должны развивать новую природу, которая доверяет Богу и Его слову, не требуя иных видимых доказательств.

Глава вторая

ОТЛИЧИЕ ВЕРЫ ОТ НАДЕЖДЫ

В первой главе мы выявили разницу между верованием и видением. В этой главе мы проанализируем разницу между верой от надежды. В непонимании этой разницы сокрыт один из самых серьезных источников недоразумений христиан сегодня. Многие христиане разочаровались в молитве, потому что не получают того, что, по их мнению, они должны получать. Очень часто это происходит потому, что они молятся в надежде, а не в вере. Обещанное Богом вере, не было обещано надежде. Надежда не получит тех обетований, которые были даны вере.

Какова же разница? Как нам отличить веру от надежды?

Вера в сердце

Первое главное отличие состоит в том, что вера — в сердце, а надежда — в уме. В Послании к Римлянам 10:10 Павел говорит: «сердцем веруют к праведности». Истинная Библейская вера происходит из сердца. В этом стихе глагол «веруют» сопровождается предлогом «к» (означает движение и/или переход в иное состояние — примеч. переводчика), указывающим на результат, который она производит: результатом сердечной веры является праведность. Вера никогда не бывает статической, неподвижной. Она всегда выражается в движении, изменениях, деятельности. Истинно верующий человек будет изменен своей верой.

С другой стороны, человек, воспринимающий истину лишь своим интеллектом, — изменен не будет. Умственное принятие истины — это еще не вера. Чтобы произвести веру, истина должна проникнуть глубже уровня ума в тот внутренний центр личности и источник жизни, который Библия называет сердцем. Восприятие истины умом бесплодно и неэффективно, но истина, принятая сердцем всегда производит веру, динамичные и коренные изменения.

Соломон предупреждает нас:

Больше всего хранимого храни сердце твое; потому что из него источники жизни.

Притчи 4:23

Все, что в конечном итоге влияет на курс нашей жизни, зарождается в нашем сердце. Истинная Библейская вера берет свое начало в сердце и определяет образ и курс нашей жизни. Это не просто умственное понимание, принятое нашим разумом, но реальная, активная сила, действующая в сердце.

Однако Бог соответственным образом позаботился и о нашем разуме. Действующая в сердце вера производит надежду в нашем сознании. Мы видим это из определения веры, данном в месте Писания, которое мы уже рассматривали: «*Вера же есть осуществление ожидаемого*» (Евр. 11:1). Здесь нужно уточнить перевод. Слово, переведенное как «*ожидаемое*», в греческом оригинале представлено словом «*эльпизо*», означающим «ожидать с удовольствием, предвкушать, надеяться». Вера в сердце является чем-то реально существующим, основополагающей реальностью. Она обеспечивает надежное Библейское основание для надежды, которая находится в нашем сознании.

В 1-м Фессалоникийцам 5:8 Павел упоминает те области нашей личности, на которые влияет вера, и те, на которые влияет надежда: «*Мы же, будучи сынами дня, да трезвимся, облекшись в броню веры и любви и в шлем надежды спасения».* Вера и любовь являются броней, а броня (букв. «нагрудные латы») защищает сердце. Надежда же является шлемом и защищает голову, наш ум.

Отличая веру от надежды, мы вовсе не уничижаем надежду. Библия говорит о надежде, как о позитивном умонастроении, пребывании в стабильном ожидании добра от Бога. Надежда защищает наш разум. Все христиане должны носить этот шлем 24 часа в сутки. Если мы отложим шлем в сторону и дадим место отрицательным мыслям и мрачным предчувствиям, то сами откроем свой ум для сатанинских атак.

Христианский оптимизм не является чем-то нереальным и оторванным от жизни. Библейская надежда вовсе не является принятием желаемого за действительное. Она основывается исключительно на утверждениях и обетованиях Писания. Например, в Послании к Римлянам 8:28 нам сказано: *«Притом знаем, что любящим Бога, призванным по Его изволению, все содействует ко благу».* Если Бог все обращает к нашему благу, тогда что нам иметь, кроме оптимизма?

Однако, применяя этот стих к своей жизни, мы должны сначала убедиться, что выполняем те условия, которые в нем указаны. Действительно ли мы любим Бога? Ищем ли мы того, чтобы исполнить свое призвание? Если да, то Бог обращает все — все события, все обстоятельства и все ситуации к нашему благу. Это логически оставляет нам единственно возможное умонастроение: оптимизм. В свете этого, христианину быть пессимистом, это фактически отрицать свою веру.

Этот пример подтверждает то, что уже было сказано: только вера является крепким и устойчивым основанием для надежды. Мы должны действительно уверовать тому, что Послание к Римлянам 8:28

говорит нам: все содействует к нашему благу! Если мы верим этому, то будем иметь твердую надежду. Но если мы не верим этому, то у нашей надежды нет верного основания.

Из вышесказанного следует, что существуют два вида надежды, внешне схожие, но различающиеся в главном: одна надежда основывается на вере, другая надежда не имеет в основании веры. Первый вид надежды основывается на истинной сердечной вере и потому имеет силу. Ожидания такой надежды в свое время обязательно исполнятся. Второй вид надежды является исключительно умственным, без основания сердечной веры и, согласно Библии, не имеет силы. Такая вера не только нестабильна и не может защитить наш разум, но и, как правило, обречена на разочарование.

До тех пор, пока мы не научимся различать эти два вида надежды, мы подвергаем себя опасности питать надежду на то, что не исполнится.

Вера действует в настоящем

Второе главное отличие веры от надежды заключается в том, что вера связана с настоящим, а надежда связана с будущим. Вера является осуществлением — некой сущностью, которая имеется в наличии уже сейчас; надежда же является ожиданием — чем-то, что должно быть направленно в будущее.

Не могу точно сказать, сколько людей за годы моего служения обращались ко мне с такими словами: «У меня большая вера, помолитесь за меня…» Помню, как один мужчина сказал: «Я имею веру всего мира…» Мне пришла в голову забавная мысль, что это довольно-таки несправедливо, потому что тогда всем нам не осталось ничего!

Но, шутки в сторону, всякий раз, когда кто-то говорит: «У меня большая вера», — меня это печалит, потому что я знаю на основании своего опыта, что они не получат того, что они хотят. Такие люди могут быть очень искренними, но их желание не исполнится, потому что они ошибочно приняли свои ожидания за веру.

Очень легко спутать веру с надеждой. Как уже говорилось, надежда — в уме, а вера — в сердце. Обычно мы хорошо осознаем, что у нас на уме, но гораздо труднее знать, что у нас в сердце. Если человек имеет сильное ожидание чего-то в своем уме, то он может ошибочно принять желаемое за действительное, — принять надежду за веру. Но не имея необходимого основания веры, он не увидит тех результатов, которые ожидает.

В вере есть элемент непредсказуемости, который отражает непредсказуемость человеческого сердца. Иногда я «чувствовал», что имею сильную веру, но ничего не случалось. В другой раз я «не чувствовал» никакой веры и, тем не менее, был приятно удивлен тем, что сделал Бог. Тот тип веры, который я могу «почувствовать», как правло является «умственной верой» — подменой истинной сердечной веры. С другой стороны, временами из моего сердца исходит истинная, продуктивная вера, о существовании которой я и не подозревал — с такими результатами, которые поражали меня!

Многие люди, которые говорят: «Я верю, что Бог исцелит меня», на самом деле подразумевают: «Я надеюсь, что Он исцелит меня когда-нибудь (в будущем)». Это не вера, потому что вера не в будущем, она нечто, что есть у нас прямо сейчас. Если наше ожидание направлено в будущее, то мы подменяем веру надеждой.

Много лет назад, когда я был студентом Кембриджского университета, меня послали в Афины для изучения греческой античности. Вскоре я потерял интерес к древнегреческим статуям и памятникам и начал интересоваться повседневной жизнью греков. Я путешествовал вместе с товарищем по университету. Каждое утро, когда мы покидали гостиницу, нас поджидала группа мальчиков-чистильщиков обуви, которые страстно желали отполировать наши туфли. Если вы никогда не были в странах Средиземноморья, то вы не имеете представления о настойчивости этих юных созданий. Слова «нет» для них не существует. Первые дни, выходя из гостиницы, мы говорили: «*охи!*», откидывая голову назад и стараясь придать пренебрежительное выражение своему лицу. Это греческая манера сказать «*нет!*» Но это было бесполезно: они все равно умудрялись почистить нашу обувь.

Примерно на четвертый день мой друг изменил тактику. Когда мы вышли из гостиницы, и мальчики как обычно окружили нас, он посмотрел им прямо в глаза и сказал: «*аврио!*» Чистильщики заколебались, а мы смогли пройти мимо них. Можете догадаться, что означает «*аврио*»? Это означает «*завтра*»!

Годы спустя, став христианином, я вспомнил этот эпизод. Это так похоже на то, как дьявол иногда обманывает христиан. Когда мы ищем исцеления для самих себя или молимся о спасении наших близких, то дьявол никогда не скажет: «*ты не исцелишься*» или «*твой близкий не спасется*». Если бы он говорил именно так, мы бы никогда его не слушали и с ним не согласились бы. Но вот что он говорит: «*ты получишь то, что желаешь, — но не сегодня, не сейчас, а завтра!*» И, таким образом, мы никогда не достигаем момента обретения того, чего ищем. Мы соглашаемся с дьявольским «*завтра*», хотя никогда не согласились бы с его «*нет!*» Мы надеемся, но не верим.

Бог не откладывает нас до завтра. Он говорит:

Вот, теперь время благоприятное, вот, теперь день спасения.

2 Коринфянам 6:2

Бог живет в вечном теперь, ныне, сейчас. Его откровение веры о Самом Себе всегда *«Я есмь Сущий»* (Исх.3:14, Ос.12:5, Матф.6:9), но никогда ни «Я был», или «Я буду». Откровение веры о Боге всегда находится в настоящем времени.

Применение этого принципа к нашим прошениям к Богу произведет революцию в нашей молитвенной жизни. В Евангелии от Марка Иисус обращается к нам:

> *Потому говорю вам: все, чего ни будете просить в молитве, верьте, что получите, − и будет вам.*
>
> Марка 11:24

(В большинстве переводов на русский язык и другие языки здесь стоит глагол прошедшего времени «верьте, что уже *получили*», в то время как в Синодальном переводе стоит глагол будущего времени «получите» — примеч. переводчика.) Итак, когда Иисус говорит нам принимать то, о чем мы молимся? В какой-то неопределенный момент в будущем? — нет, но в тот самый момент, когда мы молимся. Мы просим и в тот же самый момент принимаем. Поэтому мы знаем о том, что просимое нами даруется нам.

«Будет вам» остается в будущем, но «получение» по вере имеет место в тот момент, когда мы молимся. Приняв сейчас Божий ответ верой, мы знаем, что в Богом назначенное время мы увидим, как это будет даровано нам. Вера для принятия проявляется в настоящем, а видимое воплощение принятого верой относится к будущему. Без принятия верой в настоящем нет никакого основания для получения от Бога чего-то в будущем.

Послание к Евреям 4:3 говорит, что вера должна не только сопровождать принятие, но даже на шаг опережать его. Здесь используется совершенное время: *«А входим в покой мы* (уже) *уверовавшие».*

Здесь говорится об *«уверовавших»* как о совершившихся в вере. Уверовав мы *«входим в покой»*. Там нет борьбы и беспокойств. Мы знаем, что принятое нами верой, в свое время проявится. Наша часть — принять, а уж произвести — это дело Божье.

Заключение

Вера и надежда тесно взаимосвязаны, но, тем не менее, между ними существует два важных отличия. Во-первых, вера исходит из сердца, а надежда находится в уме. Во-вторых, вера гнездится в настоящем, это сущность — то, что у нас уже есть; а надежда направлена в будущее — это ожидание.

Та надежда, которая основана на истинной Библейской вере в сердце, не будет постыжена (Писание много раз говорит о том, что «уповающие (букв. «ожидающие») Господа не постыдятся — примеч. ред.). Однако надежда без основания не имеет гарантии на осуществление.

Надежда — это предусмотренная Богом защита для нашего ума. Но она не даст нам тех результатов, которые Бог обещал только для веры. Ключ к получению от Бога просимого — это принятие его по вере уже в сам момент прошения. Это освобождает нас от постоянной борьбы и беспокойства и приносит внутренний мир.

Глава третья

ВЕРА КАК ДАР

Новый Завет описывает различные стороны настоящей христианской веры. Однако ее основная суть всегда соответствует определению, данному в Послании к Евреям:

Вера же есть осуществление ожидаемого и уверенность в невидимом.

Евреям 11:1

Ее природа выражает себя в разнообразных, но, в то же самое время, и связанных друг с другом формах.

Можно назвать три основных проявления веры:
1. Вера как способ жизни.
2. Вера как дар.
3. Вера как плод.

Первый вид веры — это постоянные личные взаимоотношения, которые связывают верующего напрямую с Богом и влияют на каждую сферу его жизни. Такая вера дает мотивацию, направление и силу для всего, что он делает. В действительности она является как единственным, так и совершенно достаточным основанием для праведной жизни, как написано, что праведный своей верой жить будет. По этой причине я называю ее «верой, которой жив будешь».

Начиная с 5-й главы этой книги и далее, мы подробно проанализируем такой вид веры. Но сначала, в этой главе, мы рассмотрим сущность веры как дара, а в следующей главе мы рассмотрим сущность веры, как плода.

Природа духовных даров

В 12-й главе 1-го Послания к Коринфянам Павел рассматривает дары Духа Святого. Он начинает эту главу так:

Не хочу оставить вас, братия, в неведении и о дарах духовных.

1 Коринфянам 12:1

Затем он перечисляет девять разных даров:

Но каждому дается проявление Духа на пользу: одному дается Духом слово мудрости, другому слово знания, тем же Духом; иному вера, тем же Духом; иному дары исцелений, тем же Духом; иному чудотворения, иному пророчество, иному различение духов, иному разные языки, иному истолкование языков. Все же сие производит один и тот же Дух, разделяя каждому особо, как Ему угодно.

1 Коринфянам 12:7-11

Ключевым словом к пониманию сущности этих даров является слово *«проявление»*. Сам Дух Святой, обитающий внутри верующего, невидим. Но благодаря действию этих даров через верующего, присутствие Духа Святого обнаруживается и становится явным для людей.

Поскольку духовные дары являются проявлением не личности самого верующего, но личности Духа Святого, обитающего внутри верующего, то все они сверхъестественны по своему характеру. Во всех случаях результаты, которые они производят, находятся на более высоком уровне, нежели уровень того, что мог бы когда-нибудь произвести верующий благодаря исключительно своим собственным способностям. Все это возможно только благодаря прямому, сверхъестественному действию Духа Святого. Посредством этих даров, и через верующего, Дух Святой являет Себя из невидимой духовной реальности и оказывает прямое влияние на наш видимый физический мир пространства и времени.

Павел устанавливает два важных практических момента, касающихся этих даров. Во-первых, они распределяются исключительно по усмотрению Самого Духа Святого, согласно Его суверенным целям в служении каждого верующего. Человеческая воля, способности или послужной список не являются основанием для получения даров Духа. Во-вторых, дары Духа даются *«на пользу»* — для достижения практических и полезных результатов. Как сказал Боб Мамфорд: «Дары Духа Святого являются инструментами, а не игрушками».

Общепринято подразделять девять даров Духа на три группы:

1. **Дары речи** — дары, которые действуют через органы речи верующего. К ним относятся: пророчество, иные языки и истолкование языков.

2. **Дары откровения** — это дары, благодаря которым мы получаем духовное понимание: слово мудрости, слово знания и различение духов.

3. **Дары силы** — дары, которые демонстрируют сверхъестественную силу Божью в физическом мире. Сюда входят: дар веры, дары исцеления и чудотворения.

«Имейте веру Божию»

Дар веры, который мы рассмотрим сейчас, является первым из трех даров силы. В отличие от других видов веры, дар веры является суверенным и сверхъестественным проявлением Святого Духа, действующего через верующего. Ключевыми здесь являются слова: «суверенный» и «сверхъестественный».

В 21-й главе Евангелия от Матфея и в 11-й главе Евангелия от Марка мы читаем, как Иисус, в сопровождении Своих учеников по пути в Иерусалим, подошел к смоковнице при дороге. Он хотел найти плод, но не найдя на дереве ничего, кроме листвы, проклял его:

...отныне да не вкушает никто от тебя плода вовек.

Марка 11:14

Когда ученики проходили мимо этого дерева на следующий день, то были поражены, что за сутки смоковница засохла до корня. Петр сказал в 21 стихе:

...Равви! посмотри, смоковница, которую Ты проклял, засохла.

В ответ Иисус сказал:

...имейте веру Божию...

Марка 11:23

Вера имеет свое происхождение в Боге, а не в человеке. Она является частью вечной сущности Самого Бога. Через дар веры, Дух Святой сверхъестественным образом наделяет верующего частицей веры Самого Бога. Эта вера Божественного уровня настолько выше простой человеческой веры, насколько небо выше земли.

Сказав: *«имейте веру Божию»*, Иисус поощрил Своих учеников стремиться принимать и практиковать этот дар веры, как это делал Он Сам. Далее Он объяснил им, что с верой такого рода они могут сделать не только то, что Он сделал со смоковницей, но и смогут двигать горы словом:

...истинно говорю вам: если будете иметь веру и не усомнитесь, не только сделаете то, что сделано со смоковницей, но, если и горе сей скажете: «поднимись и ввергнись в море», – будет.

Матфея 21:21

В Евангелии от Марка Иисус обращается не только к тем Своим ученикам, кто слышал Его тогда. Но словом *«кто»* Он распространяет Свое обетование на всех верующих:

...имейте веру Божию. Ибо истинно говорю вам: если кто скажет горе сей: «поднимись и ввергнись в море», и не усумнится в сердце своем, но поверит, что сбудется по словам его, – будет ему, что ни скажет.

Марка 11:23

Иисус никак не ограничивает диапазон действия такой веры. Он использует всеобъемлющие фразы: *«кто скажет... будет ему, что ни скажет»*. Нет никаких ограничений в словах, которые могут быть произнесены, нет ограничений и в том, кто может стать каналом веры. Все дело заключается в природе веры: это должна быть вера Самого Бога.

В Евангелии от Луки описывается, как Иисус и Его ученики пересекали озеро на лодке, когда поднялся сильный ветер. Ученики разбудили Иисуса, спавшего на корме, и сказали:

...Наставник! Наставник! погибаем. Но Он, встав, запретил ветру и волнению воды; и перестали, и сделалась тишина.

Луки 8:24

Совершенно ясно, что здесь Иисус использовал веру нечеловеческого уровня. Обычно ветры и воды не повинуются человеку. Но в момент нужды Иисус принял особую часть веры Своего Отца. Затем, словом, сказанным с этой верой, Он произвел то, что по-человечески сделать считается невозможным — моментального прекращения шторма.

Когда опасность миновала, Иисус повернулся к ученикам и спросил: *«Где вера **ваша**?»*. Другими словами, Он сказал: «Почему *вы* не смогли сделать это? Почему *Мне* пришлось делать это?» Он имел в виду, что для учеников было бы столь же легко успокоить шторм, как и для Него Самого, если бы они воспользовались той верой, какой нужно было бы воспользоваться. Но в кризисный момент влияние шторма на чувства учеников открыло в их сердцах путь страху, который исключает веру. В то время как Иисус открыл Свое сердце Отцу и получил от Него сверхъестественный дар веры, необходимый для усмирения шторма.

Качество, а не количество

Позднее Иисус столкнулся со «штормом» иного рода — отроком, бьющемся в приступе эпилепсии и доведенным до отчаяния отцом, умолявшим о помощи. Иисус поступил с этим «штормом» точно так же, как и со штормом на море. Сказанное со властью слово веры изгнало злого духа из мальчика. На вопрос учеников, почему они не могли сделать это, Он ответил прямо: *«по неверию вашему»*. Затем Он добавил:

…истинно говорю вам: если вы будете иметь веру с горчичное зерно и скажете горе сей: «перейди отсюда туда», и она перейдет; и ничего не будет невозможного для вас…

Матфея 17:20

Иисус использует горчичное зерно как показатель величины. В Евангелии от Матфея 13:32 сказано, что горчичное зерно *меньше всех семян*. Другими словами, дело не в количестве веры, а в ее качестве. Такая вера, будучи размером даже с горчичное зерно, способна сдвинуть горы!

Незадолго до завершения Своего земного служения, Иисус еще раз продемонстрировал силу слов, произнесенных с такой верой. Это было у гроба Лазаря. Иисус воззвал громким голосом:

...Лазарь! Иди вон.

Иоанна 11:43

Эта краткая команда Иисуса, заряженная сверхъестественной силой Божьей, привела к тому, что человек, который умер и был похоронен, вышел из своей гробницы живым и здоровым.

Первоначальный пример действия такой веры мы находим в сотворении мира. Именно верой в Свое собственное слово Бог вызвал к бытию вселенную:

Словом Господа сотворены небеса, и духом уст Его − все воинство их. ...Ибо Он сказал, − и сделалось; Он повелел, − и явилось.

Псалом 32:6,9

Произнесенное Богом слово, заряженное Его Духом, было средством сотворения всего мира.

Когда действует дар веры, человек на некоторое время становится каналом веры Самого Бога. В этот момент неважно, кто говорит, а важна вера, которая проявляется. Если задействована именно Божья вера, она равно эффективна и тогда, когда слова произносятся устами Самого Бога, и когда их производит Дух Святой через уста верующего человека. Пока верующий использует эту Божественную веру, его слова столь же эффективны, как если бы произносил Сам Бог. Важна вера, а не личность.

В рассмотренных нами примерах эта сверхъестественная вера выражалась через произнесенное слово. По слову Иисуса засохла смоковница, утих шторм, был изгнан злой дух из юноши, а Лазарь воскрес из мертвых. В Евангелии от Марка Иисус распространяет это обетование на всякое слово, сказанное в вере:

...если кто скажет... будет ему, что ни скажет.

Марка 11:23

Иногда каналом для дара веры становятся слова молитвы. В Послании Иакова мы читаем:

> *...и молитва веры исцелит болящего...*
>
> Иакова 5:15

Вне всякого сомнения, что результат такой молитвы гарантирован. Ничто и никто не может противостать такой вере, данной Богом. Никакая болезнь, никакой бес, никакое обстоятельство, противное воле Божьей, не устоит перед ней.

В качестве *«молитвы веры»* Иаков приводит пример Илии, по молитве которого не было дождя три с половиной года, а потом, когда он снова помолился, дождь пошел (Иак.5:17-18).

Писание говорит о том, что дождь и удержание дождя являются Божьей прерогативой (Втор.11:13-17; Иер.14:22). И, тем не менее, в течение трех с половиной лет Илия осуществлял это исключительное право от имени Бога. Апостол Иаков подчеркивает, что *«Илия был человек, подобный нам»*. Но когда он молился молитвой веры, произносимые им слова имели силу Божьего распоряжения.

Однако вера подобного вида действует не только через произнесенное слово. Благодаря именно такой вере Иисус шел по бурным водам Галилейского моря (Матф.14:22-33). В этом случае Ему не нужно было произносить слово; Он просто пошел по воде. Петр захотел последовать примеру Иисуса и сказал:

> *...Господи! если это Ты, повели мне придти к Тебе по воде. Он же (Иисус) сказал: иди.*
>
> Матфея 14:28-29

Петр получил одобрение Иисуса, и, не говоря ни слова, вышел из лодки и пошел по воде. Поначалу ему это удавалось. Но когда он перевел взгляд с Иисуса на пенящиеся воды, вера покинула его, и он начал тонуть!

Очень примечателен комментарий Иисуса по этому поводу.

> *...маловерный! зачем ты усомнился?*

Матфея 14:31

Иисус не упрекнул Петра за желание идти по воде, наоборот Он сказал ему: «Иди». Иисус укорил Петра за потерю веры на половине пути.

В каждом человеке есть заложенное Богом побуждение сделать шаг в сверхъестественную реальность и ходить на том уровне, который выше уровня наших естественных способностей. Поскольку Сам Бог заложил это в нас, Он не укоряет нас за это. Напротив, Он желает дать нам веру, которая сделает нас способными делать это. Бога печалит не то, что мы простираем руки за такой верой, но когда мы теряем ее, не достигнув цели.

Инициатива принадлежит Богу

Такая сверхъестественная вера дается Богом в особенной ситуации для ответа на особенную нужду. Она остается под прямым Божьим контролем. Она остается собственно Божьей верой. Он дает или удерживает ее по собственному усмотрению. Она включена в список сверхъестественных даров, о которых Павел в 1-м Коринфянам 12:11:

Все же сие производит один и тот же Дух, разделяя каждому особо, как Ему угодно.

Ключевая фраза находится в конце — *«как Ему угодно»*. Сам Бог определяет, когда и кому Он даст тот или иной дар. Инициатива принадлежит Богу, а не человеку.

Это было истинно и в служении Самого Иисуса. Он не проклинал все попадавшиеся на Его пути смоковницы. Он не укрощал все бури подряд. Он не воскрешал всех умерших. Он не всегда ходил по воде. Но Иисус всегда предавал Себя воле Отца. В Евангелии от Иоанна Он говорит:

...Сын ничего не может творить Сам от Себя, если не увидит Отца творящего: ибо, что творит Он, то и Сын творит также.

Иоанна 5:19

И затем:

Слова, которые говорю Я вам, говорю не от Себя; Отец, пребывающий во Мне, Он творит дела.

Иоанна 14:10

Инициатива всегда принадлежала Отцу.

Мы должны научиться у Иисуса почтительным и внимательным отношениям с Отцом. Дар веры находится не под нашим правлением. Мы не можем использовать духовные дары для удовлетворения наших личных прихотей или амбиций. Бог распоряжается даром веры по Своему личному усмотрению, для Своей славы и для достижения тех результатов, которые берут начало в Его вечных целях. Мы не можем и не должны выхватывать инициативу из Божьих рук. Даже если Бог и попустит нам это, то в конечном итоге это будет к нашему ущербу.

Сравниваемая с горчичным зерном вера как дар подобна двум дарам откровения: слову мудрости, которое дает направление, и слову знания, которое дает сверхъестественное знание.

Вся мудрость и знание принадлежат Богу, и, к нашему счастью, Он не обременяет нас этим знанием в полном объеме. Однако в определенной ситуации, когда нам нужно Его водительство, Он сверхъестественным образом дает нам слово мудрости — всего одно «горчичное зернышко» из Своей кладовой мудрости. Или же когда мы нуждаемся в информации, Бог дает нам слово знания — одно «горчичное зернышко» из кладовой всего Своего знания.

Точно так же обстоит дело с даром веры. Бог имеет всю веру, но Он не дает ее нам в полном объеме. В конкретной ситуации, когда мы нуждаемся в вере более высокого уровня, чем уровень нашей собственной веры, Бог уделяет нам «горчичное зернышко» Своих возможностей. Как только наша конкретная нужда восполнена, Бог забирает Свою веру, и мы снова должны практиковать свою собственную веру.

Снаряжение для евангелизма

Как мы уже отметили ранее, дар веры можно стоит в одном ряду с двумя другими дарами силы: даром исцеления и чудотворения. На практике дар веры часто является катализатором, вызывающим действие этих двух даров. Примером этому является служение Филиппа в Самарии, описанное в Деяниях 8:5-8:

Так Филипп пришел в город Самарийский и проповедывал им Христа; народ единодушно внимал тому, что говорил Филипп, слыша и видя, какие он творил чудеса; ибо нечистые духи из многих, одержимых ими, выходили с великим воплем, а многие расслабленные и хромые исцелялись; и была радость великая в том городе.

На первой стадии своего служения Филипп изгонял злых духов. Как мы уже видели на примере Иисуса, это совершалось словом через действие дара веры. На второй стадии служения Филиппа начали действовать два другие дара — дар исцеления и дар чудотворения, которые очень часто взаимосвязаны друг с другом. В результате совершались чудеса, парализованные и хромые исцелялись.

В Деяниях 21:8 Филипп назван *«благовестником»* (букв. греч. «евангелистом» — примеч. переводчика). В Новом Завете мы находим только два образца служения евангелиста — это пример Самого

Иисуса и Филиппа. В обоих случаях подчеркивается изгнание злых духов с последующими чудесами и исцелениями. Эти три дара — веры, чудотворения и исцеления — вместе являются обязательным сверхъестественным снаряжением служения евангелиста («благовестника»), согласно Новому Завету.

Заключение

Дар веры — один из девяти даров Святого Духа, перечисленных Павлом в 1-м Коринфянам 12:7-11. Каждый из этих даров является сверхъестественным проявлением Святого Духа, пребывающего в верующем и действующего через него.

Через дар веры Дух Святой на определенное время наделяет верующего частицей веры Самого Бога. Эта вера Божественного уровня, который намного выше человеческого уровня. Здесь важно не количество, а качество. Достаточно «горчичного зернышка» такой веры, чтобы сдвинуть гору.

Часто, но не обязательно, дар веры действует через сказанное слово. Такое слово может быть сказано в молитве. Благодаря этому дару Иисус проклял смоковницу, и она засохла за 24 часа, запретил шторму, изгнал злого духа эпилепсии из отрока, вызвал Лазаря из могилы. С такой верой Он шел по воде.

Дар веры может действовать через провозглашенное слово. Такое слово может быть сказано в молитве веры.

Бог вложил в человека стремление искать и практиковать этот дар веры. Поэтому Он не укоряет нас, когда мы поступаем так. Скорее Его расстраивает, когда мы слишком быстро сдаемся и отступаем. Однако, как это было в служении Иисуса, инициатива всегда должна остаться в Божьих руках.

Дар веры служит катализатором действия смежных с ним даров исцеления и чудотворения. Сочетание этих трех даров является неотъемлемой частью служения евангелиста.

Глава четвертая

ВЕРА КАК ПЛОД

В предыдущей главе мы упомянули о девяти духовных дарах, перечисленных Павлом в 1-м Коринфянам 12:8-10. В этой главе мы обратимся к девяти формам духовного плода, которые Павел перечисляет в Послании к Галатам:

Плод же Духа: любовь, радость, мир, долготерпение, благость, милосердие, вера, кротость, воздержание.

Галатам 5:22-23

Седьмой по счету идет вера. Современные переводы Библии предлагают много вариантов перевода этого слова, такие как «верность», «преданность», «доверие». Греческое существительное, которое использует здесь Павел это *«пистис»*. Это основное слово, которое используется для обозначения веры на протяжении всего Нового Завета.

Однако прежде чем мы начнем конкретно рассматривать эту форму плода, полезно дать общий анализ отличий даров и плодов. В чем же состоит разница?

Отличие плода от даров

Чтобы увидеть разницу между дарами и плодом, давайте сравним новогоднюю елку с яблоней. Я говорю о рождественской елке, на которую вешают игрушки и подарки. Мы можем сказать, что на елке висят дары, а на яблоне — ее плоды, яблоки. В случае с елкой, подарок или дар как вешается, так и снимается с нее одним кратким действием. Подарок или украшение, которое висит на елке, не имеет никакой прямой связи с самим этим деревом. Дары, которые висят на елке, ничего не говорят нам о природе этого дерева.

Однако как яблоко имеет самую непосредственную связь с яблоней. Природа дерева определяет природу плода, как по виду, так и по качеству. На яблоне никогда не вырастет апельсин. Хорошее здоровое дерево даст хороший здоровый плод, а плохое — плохой (Матф.7:17-20). Яблоко появляется на яблоне не в результате одного быстрого действия — оно является результат упорного, продолжительного процесса роста и развития. Для получения лучшего плода дереву требуется тщательный уход. Для этого необходимо время, умение и труд.

Давайте перенесем эту простую аналогию на духовную сферу. Духовный дар как дается, так и принимается в результате краткого, единовременного акта. Он ничего не говорит нам о человеке, через которого этот дар действует. С другой стороны, духовный плод выражает сущность той жизни, которая производит его; он появляется только в результате процесса взращивания. Для получения наилучшего плода нужно тщательно культивировать свою жизнь, а это требует времени, умения и труда.

Мы можем выразить различие и по-другому: дар проявляет способности человека, а плод — его характер. Что важнее? — в конечном итоге, вне всякого сомнения, характер важнее способностей. Использование дара временно. Как Павел объясняет в 1-м Послании Коринфянам 13:8-13, наступит время, когда дары больше не будут нужны. Но характер — это навсегда. Характер, который мы развили в этой жизни, определит нашу судьбу в вечности. Однажды наши дары мы оставим позади; но наш характер будет пребывать с нами вечно.

Однако нам нет необходимости выбирать лишь что-то одно за счет другого. Дары не исключают плода; плод не исключает даров. Скорее, они взаимно дополняют друг друга. Дары предназначены для практического выражения характера.

Лучший пример тому — Личность Самого Иисуса Христа. Его любящий, милосердный характер в полноте выражался через действие духовных даров. Только при помощи духовных даров Иисус мог удовлетворить нужды тех людей, для служения которым Он пришел, и, таким образом, полностью открыть им характер Своего Отца, Которого Он представлял (Иоан.14:9-10).

Мы должны искать следование Его примеру. Чем больше мы будем развивать любовь, заботу и сострадание, которые характеризовали Иисуса, тем более для практического выражения этих качеств нам будут нужны те же самые духовные дары, которые использовал Он. От полноты нашего оснащения духовными дарами будет зависеть наша способность прославить Бога, нашего общего любящего Отца. Так это было и в жизни Иисуса.

Вера как доверие

Плод является выражением характера. Когда все девять форм духовного плода присутствуют и полностью развиты, тогда они представляют полноту христианского характера, дополняют друг друга.

Вера как плод может быть выражена двумя словами, которые относятся к двум разным, но в то же самое время связанным между собой значениям греческого слова *«пистис»*. Первый — это *доверять*; второй — это *быть достойным доверия*.

Многие переводы Библии (в т. ч. Синодальный перевод — примеч. переводчика) иногда подчеркивают эту особую грань слова *«пистис»* как совершенное доверие и упование. Снова и снова Иисус повторял одно требование для всякого, кто хочет войти в Царство Божье — необходимость уподобиться маленьким детям (Матф.18:1-3; Матф.19:13-14; Мар.10:13-15; Лук.18:15-17). Наверное ничто так не отличает детей от взрослых, как их способность доверять. Чем больше люди взрослеют, тем, зачастую, больше они теряют это качество. Но, как это ни парадоксально, мы видим это качество в таких зрелых мужах Божьих, как Авраам, Моисей, Давид и Павел. Поэтому мы можем сделать такой вывод, что степень, в какой мы развили в себе эту грань веры: доверие Богу и упование на Него, показывает степень нашей духовной зрелости.

Более полно плод веры как доверие можно определить как спокойное, устойчивое, непоколебимое упование на благость, мудрость и верность Божью. Независимо от того, какие трудности и испытания появляются в жизни, человек, взрастивший эту форму плода, остается спокойным посреди всех бурь. Он имеет непоколебимую убежденность: чтобы не происходило, Бог все равно полностью контролирует каждую ситуацию и посреди всего и в результате всего желает благословить Своих детей.

Внешним выражением этого доверия является *стабильность*. Давид чудесно выразил это в 1-м стихе 124-го Псалма:

Надеющийся на Господа, как гора Сион, не подвигнется, пребывает вовек.

Все горы на земле могут быть потрясены и даже сдвинуты с места, кроме одной-единственной — горы Сион. Это та гора, которую Бог избрал для Своего обитания. Только она непоколебима и пребывает вовек.

Точно так же обстоит дело с верующим, который научился доверять. Вокруг него все могут поддаться панике и замешательству, но он остается спокойным и непоколебимым. *«Основание его на горах святых»* (Пс.86:2).

В 1960 году, когда я руководил колледжем по подготовке учителей в Кении (Африка), одна из наших студенток, по имени Агнета, заболела тифом. Мы с женой посетили ее в больнице и нашли ее в критическом состоянии. Она пребывала в глубокой коме. Я помолился, чтобы Бог вывел ее из комы на время, достаточное, чтобы я мог поговорить с ней. Минуту спустя она открыла глаза и посмотрела на меня.

— Агнета, — спросил я, — Уверена ли ты, что твоя душа безопасно покоится в руках Господа?

— Да, — четко и твердо ответила она и снова впала в состояние комы. Но я был удовлетворен. Все, что ей нужно было сказать, а мне услышать, было это одно-единственное слово «да». Оно выразило глубокое доверие Богу, которое ничто в этом мире не могло поколебать.

Основанием такого доверия является *посвящение* себя Богу. Примерно за год до описываемых событий Агнета в моем присутствии посвятила свою жизнь Иисусу Христу. И теперь, во время испытания, возможно на самом пороге вечности, ей не нужно было делать это еще раз. Ей только нужно было пребывать в том глубоком посвящении, которое она уже сделала, которое охватывает жизнь и смерть, время и вечность.

Через некоторое время, в ответ на молитвы друзей Агнеты, Бог поднял ее со смертного одра полностью здоровой. Ее способность принять воздействие вознесенной за нее молитвы во многом объяснялась ее упованием на Бога.

В 5-м стихе 36-го Псалма Давид говорит:

*Предай Господу путь твой, и уповай на Него,
и Он совершит...*

Более дословно в тексте говорится: «...и Он *будет совершать это*». Здесь от нас требуются две вещи. Во-первых, *«предать»* (в современном русском языке «посвятить себя»). Во-вторых, это *«уповать»* (т. е. верить, что Бог провидел путь для нас, все предусмотрел и будет направлять нашу жизнь по этому пути). Акт посвящения и приводит к состоянию упования.

Давид уверяет нас, что если мы продолжаем пребывать в состоянии упования, Бог продолжает *«совершать это»*. Другими словами, Бог в нашей жизни совершает то, что мы доверили Ему. Только постоянное упование с нашей стороны предоставляет Богу канал в нашу жизнь, чтобы сделать то, что необходимо. Если мы перестаем доверять Богу и уповать на Него, то мы перекрываем канал Божьего действия и препятствуем завершению того, что Бог начал делать в нас.

Доверить что-то Богу — это подобно тому, как положить деньги на свой счет в банке. С момента вклада нам уже нет необходимости самим переживать о безопасности своих денег. Это становится ответственностью банка. Вызывает грустную улыбку тот факт, что есть люди, которые могут полностью доверить свои деньги банку, не могут вполне довериться Всемогущему Богу в каком-то жизненно важном вопросе, который они должны доверить Ему...

Этот пример доверия банку вклада иллюстрирует один очень важный принцип успешного посвящения. Банк дает нам официальную расписку с указанием даты, места и суммы вашего вклада. Все четко и ясно. Точно так же мы должны без тени сомнения знать: *что* мы посвятили Богу, и *когда* и *где* произошло это посвящение. Нам также нужна официальная «расписка» Святого Духа, подтверждающая, что Бог принял то, что мы посвятили Ему.

Доверие необходимо культивировать

Доверие, подобно всякой другой форме плода, на всех стадиях роста вплоть до достижения зрелости, требует ухода за ним. Это хорошо иллюстрируют слова Давида из Псалма 61. В 3-м стихе Давид говорит: *«Только Он — твердыня моя, спасение мое, убежище мое: не поколеблюсь более.»* (В других переводах говорится дословно следующее: «не пошатнусь сильно» и «не буду сильно шатаем» — прим. переводчика.) Но в 7-м стихе, после такого же провозглашения, он говорит: *Только Он — твердыня моя и спасение мое, убежище мое: не поколеблюсь»* (букв. «не пошатнусь вообще»). В промежутке между 3-м и 7-м стихами Давид проделывает путь между «не пошатнусь сильно» к «не пошатнусь вообще». В седьмой главе книги мы более подробно рассмотрим необходимость «исповедания» своей веры своими устами для ее утверждения.

Мы должны быть честны, как Давид. Пока наша вера не пришла в совершенство, самое лучшее, что мы можем сказать: «не поколеблюсь сильно». На этой стадии, трудности и враждебные обстоятельства могут пошатнуть нас, но не опрокинуть. Но по мере того, как мы продолжаем культивировать свою веру, мы обязательно придем к моменту, когда сможем сказать: «не поколеблюсь» — и точка! Больше ничто не сможет нас поколебать, а тем более, опрокинуть или сбить с ног.

Доверие относится более к области духа, чем к эмоциям. Чтобы проиллюстрировать это мы можем обратиться к еще одному личному свидетельству Давида. Вот что он говорит:

Когда я в страхе, на Тебя я уповаю.

Псалом 55:4

Давид признает, что внутри него действуют два противоположных влияния: страх и упование. Но страх поверхностен — это эмоция, а доверие глубже — оно в духе.

Зрелое упование подобно глубокой реке с сильным течением. Она стремится к морю и ничто, в конечном итоге, не может остановить ее. Временами ветер страха или сомнения может дуть против течения и поднимать пенящиеся волны на ее поверхности. Но волны и ветер не могут изменить ее ход или воспрепятствовать глубокому непрестанному течению вод ниже поверхности. Это течение следует курсу, определяемому руслом реки, и заканчивается там, где заканчиваются все реки — в море.

Слова Павла во 2-м Послании к Тимофею 1:12 прекрасно иллюстрируют упование в его зрелой форме:

По сей причине я и страдаю так; но не стыжусь. Ибо я знаю, в Кого уверовал, и уверен, что Он силен сохранить залог мой на оный день.

По всем мирским стандартам Павел в это время выглядел неудачником. Многие из его друзей и сторонников, которые раньше поддерживали его, теперь стали его противниками. Из всех ближних сподвижников только Лука остался с ним; один из бывших соратников Димас покинул Павла в самое трудное для того время и повернулся лицом к миру. Павел болен, он немолод, скован оковами в римской тюрьме, ожидает неправедного суда и приговора из уст жестокого и деспотичного императора. Тем не менее, какое умиротворение и уверенность: *«Не стыжусь... знаю... уверовал... уверен...»*. За горизонтом времени он видит тот безоблачный день — *«оный день»* — когда другой, праведный Судья вручит ему *«венец правды»* (2 Тим.4:8).

Упование Павла, как и Давида, исходило из его первоначального акта *посвящения* Богу. Он сам сказал о своем посвящении Богу так: *«Он силен сохранить залог мой на оный день»* (2 Тим.1:12). Буквально: «Бог способен сохранить *то, что я доверил* Ему». Мы можем доверять Богу только после того, как что-то Ему доверили.

(Залог, согласно словарю русского языка Ожегова, — это отдача имущества в обеспечение обязательства. Практически, это выражается в том, что, отдавая что-то в залог определенному лицу, мы, в свою очередь, получаем от этого лица гарантию выполнения им своих обязательств. Мы доверяем свое имущество другому лицу, которое в том числе с этого момента несет ответственность за сохранность доверенного имущества, — примеч. редактора.)

Однажды, много лет тому назад, Павел сделал ясное и бесповоротное посвящение себя Христу, исходя из которого последующие страдания и испытания постепенно развили в нем все более глубокое доверие Богу и упование на Него, которое достигает своей полноты здесь, в римской тюрьме. И это упование становилось тем ярче, чем более мрачными казались обстоятельства.

Вера как надежность

Второе отличительное свойство веры как плода — это надежность, быть достойным доверия. Именно «надежность» является первоначальным смыслом греческого слова «пистис», переводимого как «вера». Один из стандартных словарей новозаветного греческого языка определяет слово *пистис* следующим образом: «достойный доверия, преданный, верный, надежный».

Это же имеет место и в Ветхом Завете: древнееврейское слово *«эмунах»*, переводимое как «вера», — его первым значением является «верность»; вторым

— «вера». Именно слово *«эмунах»* стоит в общеизвестном отрывке из Книги пророка Аввакума 2:4:

...праведный своею верою («эмунах») жив будет.

Слово «аминь» («да будет так!», «да будет это утверждено!») происходит от глагола, дающего нам это слово «эмунах» («верный»), и иногда переводится как «будет верен». Корневой смысл: «твердый, верный, надежный».

Все эти оттенки значений соединяются воедино в личности и сущности Самого Бога. Если мы смотрим на веру как на доверие, то единственным конечным основанием может быть только Божья верность. Если мы смотрим на веру как на верность, то только через наше доверие Дух Святой может явить нам Божью верность. Начало и конец веры только в Боге. Божья верность является основанием для нашего доверия, а наше доверие Ему производит в нас Его верность.

Наверное никакая другая характерная черта природы Бога не подчеркивается на протяжении всего Писания больше, чем Его верность. В Ветхом Завете верность Бога своим обещаниям и словам выражена словом *«хесед»*. На русский язык это слово обычно переводится как «благость», «доброта», «милосердие», «милость». Однако ни один из этих переводов не выражает полностью смысл этого слова.

Попробуем проанализировать его, исходя из языка оригинала. Во-первых, *«хесед»* является выражением бесплатной, незаслуженной Божьей благодати. Милость и верность Божья превосходит все, что человек может каким-либо образом заслужить или востребовать как должное. Во-вторых, *«хесед»* всегда основывается на завете, который Бог пожелал заключить с людьми. Мы можем объединить эти два значения таким образом: *«хесед»* — это Божья милость, как следствие Его верности исполнению взятых Им обязательств заключенного завета, которые превосходят все, что мы можем заслужить или потребовать. Божья милость к нам выражается в верности Бога заключенному с нами завету.

Таким образом, мы наблюдаем тесную взаимосвязь трех важных понятий в древнееврейском языке: *«эмунах»* — верность; *«хесед»* — Божья милость, как следствие верности; *«берит»* — завет (договор или союз). Все эти слова встречаются в 88-м Псалме:

> *И истина («эмунах») Моя и милость («хесед») Моя с ним, и Моим именем возвысится рог его.*
>
> стих 25

> *Вовек сохраню ему милость («хесед») Мою, и завет («берит») Мой с ним будет верен («аминь»).*
>
> стих 29

> *…милости («хесед») же Моей не отниму от него, и не изменю истины («эмунах») Моей. Не нарушу завета («берит») Моего, и не переменю того, что вышло из уст Моих.*
>
> стихи 34-35

Последний стих указывает на особую взаимосвязь Божьей милости (верности завету) и слов уст Его. Вот что Бог никогда не сделает: Он не нарушит Свой завет и не переменит того, что сказал. Божья верность, являемая нам Духом Святым, воспроизводит такие же качества и в нас. Дух Святой, обитая в нас, являет через нас природу Божью, что делает нас безупречно честными, верными и порядочными людьми.

В 14-м Псалме Давид задает два вопроса:

> *Господи! кто может пребывать в жилище Твоем? кто может обитать на святой горе Твоей?*
>
> Псалом 14:1

В последующих стихах он сам же отвечает на эти вопросы, перечисляя одиннадцать характеристик такого человека. Девятым условием, приведенным в конце 4-го стиха, является следующее:

...кто клянется, хотя бы злому, и не изменяет...

Бог желает, чтобы верующий был верен своим обязательствам, даже если он терпит урон от этого. Христианин, который не сдерживает свое слово и не выполняет своих обязательств, еще не развил плода верности.

Бог ожидает от нас подобной верности в наших действиях со всеми людьми, но особенно со своими братьями и сестрами во Христе. Милость Самого Бога (*«хесед»*) выражается, как мы уже отметили, в верности Его заключенному завету (*«берит»*). Благодаря Иисусу Христу мы находимся в завете как с Самим Богом, так и с теми, кто также состоит в завете с Ним. Отличительной чертой этого завета является то, что мы проявляем по отношению друг к другу ту же верность, которую Бог так щедро демонстрирует по отношению к нам самим.

Как мы уже видели, Божья милость выражается в Его преданности Своим обязательствам завета и основывается на Его благодати. Благодать — это благорасположение Божье, которое мы не можем заслужить. Это же должно отражаться и в наших взаимоотношениях с братьями и сестрами во Христе. Мы не должны ограничиваться простыми требованиями справедливости или некими людскими правилами и традициями. Мы должны быть готовы сделать такое же полное посвящение, какое сделал Бог, заключая завет с нами, быть готовы последовать Божьему примеру до конца — полагать свои души друг за друга.

Любовь познали мы в том, что Он положил

за нас душу Свою: и мы должны полагать души свои за братьев.

1 Иоанна 3:16

Именно полагая свои души мы входим в полноту взаимоотношений завета с Богом и друг с другом.

Во 2-м Послании Тимофею Писание рисует ужасную картину падения моральных и этических стандартов конца времен:

Знай же, что в последние дни наступят времена тяжкие. Ибо люди будут самолюбивы, сребролюбивы, горды, надменны, злоречивы, родителям непокорны, неблагодарны, нечестивы, недружелюбны, непримирительны, клеветники, невоздержаны, жестоки, не любящие добра, предатели, наглы, напыщенны, более сластолюбивы, нежели боголюбивы, имеющие вид благочестия, силы же его отрекшиеся. Таковых удаляйся.

2 Тимофею 3:1-5

Греческое слово, переведенное здесь как «*непримирительны*», означает буквально «*те, которых нельзя убедить заключить завет*». Общей тенденцией этого мира является удаление от тех моральных и этических стандартов, которые требуют верности, соблюдения нерушимых обязательств (завета). По мере того, как мир погружается во тьму, народ Божий должен все более решительно выходить во свет общения. Мы должны проявить себя как желающие и способные входить и поддерживать эти отношения завета, от которых зависит наше общение и наша общность друг с другом.

Поэтому мы должны культивировать плод верности, развивая в себе всю его полноту.

Заключение

Между духовным плодом и духовными дарами существуют важные различия. Во-первых, духовный дар дается и принимается в результате единовременного действия, взращивание же плода является постоянным процессом, требующим времени, навыков и труда. Во-вторых, дары не имеют прямой связи с характером тех, кто их практикует, плод же является выражением характера и личности человека. В идеальном варианте, сочетание даров и плода Духа так дополняют друг друга, что это прославляет Бога и служит Его целям для человечества.

Вера, как плод Духа, имеет два разных, но взаимосвязанных значения: как доверие, и как верность.

Доверие проявляет себя в стабильности, которая возрастает по мере взращивания доверия и упования на Бога. Для достижения этого сначала необходимо сделать посвящение себя Ему. Сначала мы вверяем себя Богу, после чего мы можем доверять Ему в том, что Он сохранит вверенное. Только «вверяя», мы можем развить «доверие».

Наше доверие основывается на Божьей милости и верности («*хесед*»). Бог демонстрирует Свою верность по отношению к нам в исполнении обязательств Его завета, который Он заключил с нами, что намного превосходит все, что мы заслуживаем или в чем нуждаемся. Это, в свою очередь, дает нам желание и способность войти и поддерживать посвящение завету, как с Богом, так и с друг другом.

Глава пятая

ВЕРА КАК ОБРАЗ ЖИЗНИ

Примерно за шесть веков до рождения Иисуса Христа Бог дал пророку Аввакуму откровение о сути Евангелия (Авк.2:4): *«праведный своею верою жив будет»*.

Это пророчество настолько точно выражает центральную тему христианского послания, что оно три раза цитируется в Новом Завете: в Послании к Римлянам 1:17; к Галатам 3:11 и к Евреям 10:38.

Вера — это единственное основание

Наибольшее внимание пророчеству Аввакума уделяется в Послании к Римлянам. Фактически, оно стало центральной темой всего этого послания. Чтобы иметь правильное представление о Послании к Римлянам в целом, мы можем сравнить его с симфонией великого композитора. Первые пятнадцать стихов 1-й главы являются увертюрой (вступлением). В 16-м и 17-м стихах Павел дает главную тему этой симфонии: *«праведный верою жив будет»*. После чего идет основная часть симфонии, состоящая из трех главных частей.

Первая часть содержит главы с 1-й по 8-ю. Эта часть послания Павла является *доктринальной*. Он производит детальный, логический анализ темы, показывая то, насколько она гармонизирует с пророчествами и прообразами Ветхого Завета.

Вторая часть состоит из 9-й, 10-й и 11-й глав. Здесь Павел развивает эту тему на *примере Израиля*.

Он объясняет, как попытки Израиля достичь праведности делами, а не верою, ослепили их настолько, что они не узнали своего Мессию и, таким образом, лишились благословений, предлагаемых Богом через Него.

Третья часть состоит из глав с 12-й по 16-ю. Здесь Павел делает ударение на *практической* стороне. Он показывает, как эта тема должна находить свое выражение в различных видах деятельности, взаимоотношениях и обязательствах повседневной жизни.

Для правильного восприятия симфонии, мы должны уловить главную тему, когда композитор впервые вводит ее, а затем внимательно следить за ее развитием на протяжении всего произведения. Если мы не будем держать в уме главную тему, мы не сможем вполне оценить различные вариации и развитие этой темы, которым она подвергается в последующих частях для своего полного раскрытия.

Этот же принцип относится к Посланию Римлянам. Во-первых, мы должны ухватить главную тему, которая пронизывает все послание: *«праведный верою жив будет»*. Затем, по мере изучения основных частей этого Послания, мы должны держать эту тему в уме, наблюдая ее развитие на каждой стадии и в каждом вопросе. Это придаст цельность и последовательность нашему пониманию всего Послания.

В 1-й главе Павел указывает то основное требование, которое дает возможность пережить силу Божью ко спасению:

Ибо я не стыжусь благовествования Христова, потому что оно есть сила Божия ко спасению всякому верующему, во-первых, Иудею, потом и Еллину.

Римлянам 1:16

Спасение доступно всем — *«всякому верующему, во-первых, Иудею, потом и Еллину* (нееврею)».

Исключений нет! Религиозные или национальные различия несущественны. Для принятия всеобъемлющего Божьего дара спасения нужно соблюсти одно-единственное простое требование, которое всегда неизменно. Этим требованием является *вера*.

В 17-м стихе Павел объясняет, как можно узнать истину об этом спасении:

В нем (т.е. в благовествовании) *открывается правда* («праведность») *Божия от веры в веру, как написано: «праведный верою жив будет».*

Слово «вера» упоминается в этом стихе три раза. Божье откровение приходит *от* веры *в* веру. Все начинается с веры Самого Бога — веры в то, что Его слово выполнит предопределенную задачу. Послание передается через веру проповедующего Евангелие и обретается по вере того, кто принимает его. Послание же таково: «праведный верою жив будет». От начала до конца тема одна и та же — вера.

Давайте рассмотрим это более внимательно. Все просто: *«праведный верою жив будет»*. Ясно, что слово *«жив»* здесь означает более, чем жить обычной физической жизнью. Мы знаем, что даже нечестивые и неправедные люди имеют такую жизнь. Но в Писании содержится откровение, что есть и другая жизнь — праведная, — источником которой является только Бог. Единственным способом получения такой жизни является вера во Христа Иисуса (что подразумевает принятие Его своим Господином, доверие и верность Ему — примеч. редактора).

В Евангелии от Иоанна этой вечной Божественной жизни уделяется особое внимание. В самом начале этого Евангелия Иисусе сказано так:

В Нем была жизнь…

Иоанна 1:4

Немного далее приводится свидетельство Иоанна Крестителя:

Верующий в Сына имеет жизнь вечную...

Иоанна 3:36

Затем уже Сам Иисус говорит:

...верующий в Меня имеет жизнь вечную.

Иоанна 6:47

...Я пришел для того, чтобы имели жизнь и имели с избытком.

Иоанна 10:10

...овцы Мои слушаются голоса Моего, и Я знаю их, и они идут за Мною, и Я даю им жизнь вечную...

Иоанна 10:27-28

И, наконец, завершая свое Евангелие, Иоанн утверждает главную цель его написания:

...сие же написано, дабы вы уверовали, что Иисус есть Христос, Сын Божий, и, веруя, имели жизнь во имя Его.

Иоанна 20:31

В 1-м Послании Иоанн возвращается к этой теме:

Свидетельство сие состоит в том, что Бог даровал нам жизнь вечную, и сия жизнь в Сыне Его. Имеющий Сына (Божия) имеет жизнь; не имеющий Сына Божия не имеет жизни. Сие написал я вам, верующим во имя Сына Божия, дабы вы знали, что вы, веруя в Сына Божия, имеете жизнь вечную.

1 Иоанна 5:11-13

Отметим важную деталь: Иоанн везде использует настоящее время: «*Имеющий Сына имеет жизнь*»; «*Вы, веруя, имеете жизнь вечную*».

Павел кратко и наглядно описывает эту жизнь во Христе:

Ибо для меня жизнь − Христос...

Филиппийцам 1:21

...Христос, жизнь ваша...

Колоссянам 3:4

Для Павла, как и для Иоанна, вечная жизнь — это сегодняшняя реальность, а не просто надежда на будущее.

Такова суть Евангельской вести. Существует вечная Божественная жизнь, источником которой является только Сам Бог. Бог сделал эту жизнь доступной для нас во Христе Иисусе. Когда мы верой принимаем Иисуса в свое сердце и ведем жизнь послушания Ему, мы принимаем жизнь Самого Бога. Этой жизнью мы можем жить здесь и сейчас: *«Имеющий Сына имеет жизнь»*. Имеет именно сейчас! И будет иметь в вечности! Вечная жизнь становится доступной для нас с того самого момента, когда мы действительно вверяем себя Иисусу Христу.

Принимая, таким образом, эту новую жизнь через веру во Христа, мы принимаем вызов практически жить ею изо дня в день. Как это достигается? Ответ прост: верой. Именно об этом говорит Павел: *«праведный верою жив будет»*. С практической точки зрения, слово «жить» является одним из самых всеобъемлющих слов, которое мы употребляем. Что бы мы ни делали в любой момент, все это является жизнью: еда, питье, сон, работа и все остальные виды нашей деятельности. Через веру все эти обычные дела могут стать выражением Божественной жизни, которую мы приняли внутрь себя.

Мы часто склонны думать, что простые повседневные дела не имеют духовной ценности и не дают места для применения нашей веры. Но Писание учит совсем иному. Только после того, как мы научимся успешно применять свою веру в простых, материальных сферах жизни, Бог поднимет нас на уровень более высокой духовной ответственности. Сам Иисус излагает этот принцип в Евангелии от Луки 16:10-11:

*Верный в малом и во многом верен, а невер-
ный в малом неверен и во многом. Итак, если
вы в неправедном богатстве не были верны,
кто поверит вам истинное?*

Бог наделяет нас большей ответственностью и
истинными духовными богатствами только после
того, как наша вера успешно работает в *«малом»* и в
«материальном».

Поэтому в качестве примера анализируя, как мы
можем жить верой в повседневной жизни, давайте
рассмотрим два практичных аспекта: пищу и финан-
сы. На основании многих лет личного наблюдения я
сделал вывод, что тот верующий, который научился
применять веру в пище и финансах, имеет шансы
на успешную христианскую жизнь. С другой стороны, если эти основные сферы жизни верующего не
находятся под Божьим управлением — это является
свидетельством духовной незрелости.

Что значит принимать пищу по вере?

Мы уже отметили, что третья часть «симфонии»
Послания к Римлянам посвящена вопросам практического применения нашей веры. С чего же начинается
эта часть? С чего-то отдаленного и очень духовного?
— нет! Напротив, с первого же стиха речь идет о
нашем физическом теле:

*Итак умоляю вас, братия, милосердием
Божиим, представьте тела ваши в жертву
живую, святую, благоугодную Богу, для разумного служения вашего…*

Римлянам 12:1

Павел учит нас, что наше духовное *«разумное
служение»* состоит в предоставлении наших тел
Богу. Другими словами, быть духовным означает

быть очень практичным. Духовность начинается с того, как мы обращаемся со своим телом. Немного позже мы рассмотрим те результаты, к которым приводит «предоставление наших тел» Богу.

Сделав такое вступление, Павел переходит к разнообразным практическим вопросам христианской жизни. В 14-й главе он говорит о пище. Совершенно ясно, что для нашего физического тела нет более важного вопроса, чем этот! В связи с этим Павел рассматривает два типа верующих:

Ибо иной уверен, что можно есть все, а немощный ест овощи.

Римлянам 14:2

Павел не утверждает категорически, что есть овощи — это правильно, а мясо — неправильно, или наоборот. Скорее, он утверждает, что все, что мы делаем с верой, — это правильно, а то, что мы делаем без веры, — неправильно. В конце главы он делает такой вывод:

А сомневающийся, если ест, осуждается, потому что не по вере; а все, что не по вере, грех.

Римлянам 14:23

Здесь Павел подтверждает тот же принцип, которым он начал свое послание, но тогда он сформулировал позитивную сторону этого принципа:

…праведный верою жив будет.

Римлянам 1:17

Однако теперь он показывает обратную сторону того же самого принципа:

*…**все, что не по вере, грех.***

Римлянам 14:23

Рассматривая это утверждение как в позитивном, так и в негативном варианте, мы делаем вывод: вера является единственным основанием праведной жизни.

Давайте примем этот вызов применять нашу веру к вопросам нашего питания. От нас требуется «есть по вере». Звучит довольно странно, не правда ли? Как это можно делать практически?

Здесь нужно отметить несколько моментов. Во-первых, мы признаем, что в вопросах питания мы зависим от Бога. Мы получаем еду как дар от Бога. Если бы Он не обеспечивал нас, мы бы голодали.

Во-вторых, следуя логике, мы благодарим Бога за пищу. Благодарение дает еще один результат, который Павел объясняет в 1-м Послании к Тимофею 4:4-5:

Ибо всякое творение Божие хорошо и ничто не предосудительно, если принимается с благодарением, потому что освящается Словом Божиим и молитвою.

Если мы принимаем пищу с молитвой благодарения, она *«освящается»*, то есть становится чем-то святым, предназначенным Богом для нашего блага. Поэтому, даже если в нашей пище имеются какие-то вредные вещества, то их вредный эффект аннулируется молитвой благодарения.

Затем, принятие пищи по вере ведет нас дальше освященного обеденного стола. Поскольку наша пища является источником нашей естественной крепости, а Бог является источником нашей пищи, т.к. произвел те минералы и вещества, которые и составляют ее — следовательно сами наши силы являются Божьим даром. Мы не имеем права использовать даваемые пищей силы для эгоистических или греховных целей, но обязаны посвятить их для служения Богу и для Его славы.

Если мы таким образом применяем принцип веры в вопросах питания, то вся эта сфера нашей жизни приобретает новый смысл. Мы понимаем, почему Павел наставлял верующих в Коринфе:

Итак, едите ли, пьете ли, или (иное) что делаете, все делайте во славу Божию.

1 Коринфянам 10:31

Через веру даже наш повседневный прием пищи становится неким священным актом, в котором мы участвуем для славы Божьей. Таков был один из самых прямых и очевидных результатов в жизни верующих от излияния Духа Святого в день Пятидесятницы. Каждое принятие ими пищи стало духовным праздником служения и прославления. В Книге Деяний Лука пишет:

...и каждый день единодушно пребывали в храме и, преломляя по домам хлеб, принимали пищу в веселии и простоте сердца, хваля Бога и находясь в любви у всего народа. Господь же ежедневно прилагал спасаемых к церкви.

Деяния 2:46-47

В том, как эти ученики принимали пищу, было что-то столь необычное, что это вызывало одобрение со стороны неверующих соседей и покоряло их вере. То же самое может происходить и с нами, если мы начнем практиковать веру в вопросах еды!

Если последствия «еды по вере» столь велики, то каковы же последствия пренебрежения принципом веры в том, как мы едим?

Чтобы получить наглядное представление о человеке, который ест без веры, давайте обратимся к Книге Екклесиаста. Немногие христиане уделяют время для детального изучения этой книги Библии, но когда вы будете исследовать ее в свете других мест Писания, то обнаружите уникальные истины.

На протяжении большей части этой книги Соломон описывает «душевного человека» — то есть того, кто по неверию всю свою жизнь живет без благодати и знания о Боге. Соломон описывает трапезу такого человека:

А он во все дни свои ел впотьмах, в большом
раздражении, в огорчении и досаде.

Екклесиаст 5:16

Какой выразительный язык: *«он ел впотьмах».*
Что это значит? Это противоположность «еды по
вере». Такой человек не понимает или не считает,
что пища — это дар от Бога. Он не благодарит Бога
за нее. Поэтому пища не благословляется и не освящается. Каковы же результаты? — большое раздражение, огорчение и досада. Принимать пищу без
веры — это приглашать в свою жизнь раздражение,
болезнь и гнев.

Мы довольно подробно рассмотрели, как принцип веры применим к такой повседневной деятельности как прием пищи. Теперь мы можем более полно
понять сферу применения принципа *праведный*
верою жив будет».

Как мы видим, вера является каналом Божественной жизни. Чем больше веры мы принимаем
и проявляем, тем больше жизни мы имеем. Всякое
занятие, к которому мы прилагаем веру, наполняется
Божественной жизнью. Оно перестает быть серым и
посредственным и становится свежим, волнующим и
радостным поводом для поклонения Богу и хвалы!

Вера в финансовых вопросах

Еще одной сферой нашей повседневной жизни,
где нам нужно практиковать веру, является сфера
финансов и материального обеспечения. Вся Библия
полна примеров и заверений Божьих о Его способности обеспечить нужды Своих детей даже в тех
случаях, когда отсутствуют естественные источники.
Пожалуй, нигде это не подчеркивается столь сильно,
как в следующем утверждении апостола Павла:

Бог же силен обогатить вас всякою благода-
тью, чтобы вы, всегда и во всем имея всякое

довольство, были богаты на всякое доброе дело...

2 Коринфянам 9:8

Имеет смысл рассмотреть этот стих более подробно. Русский перевод очень точно передает греческий оригинал. Слова «обогатить» или «богаты» встречаются дважды, а производные от слова «всё», — пять раз: *«...обогатить... всякою благодатью... всегда... во всем... всякое довольство... богаты... всякое доброе дело».* Невозможно более выразительно передать неисчерпаемость Божьих ресурсов для покрытия всех нужд Его детей. Уровень обеспечения — это не просто «достаток», но «изобилие».

Фактически, люди могут жить на трех уровнях обеспечения: скудость, достаток и изобилие. Мы можем изобразить это на простом примере из повседневной жизни. Например, хозяйка составила список необходимых покупок в продуктовом магазине, и у нее получилась сумма в 15 долларов. Если у нее есть только 10 долларов, — то она будет выбирать товары и покупать их исходя из *недостатка.* Если хозяйка имеет необходимые 15 долларов, — она будет покупать из *достатка.* Но если зайдя в магазин она будет иметь 20 долларов при 15 необходимых, — ее покупки будут исходить из *изобилия.*

Это наглядный и довольно упрощенный бытовой пример. Здесь мы должны подчеркнуть, что богатство и изобилие не всегда выражается в количестве денег или материальных ресурсов. Изобилие означает, что Бог восполняет всякую нашу нужду (когда мы движемся в Его воле), — да так, что при этом мы можем уделить что-то и другим людям. Совершенный пример такого изобилия мы находим в Самом Иисусе. У Него не было недвижимости, материальных накоплений, больших сумм денег (хотя Иуда, один из Его учеников, носил с собой ящик, куда помещали денежные пожертвования, Иоан.12:6; 13:29). Тем не менее ни Сам Иисус, ни те, кто были вместе с Ним, никогда не нуждались.

Когда понадобились деньги для уплаты налогов, Иисус вместо того, чтобы послать Петра к Иуде, с просьбой открыть ящик, направил его к Галилейскому морю, чтобы достать нужную монету изо рта рыбы (Матф.17:24-27). Возникает вопрос: что бы вы предпочли, пойти в банк и получить деньги по чеку или пойти с удочкой к морю и выловить их вместе с рыбой? Второй вариант явно намного интересней!

Давайте вспомним толпу проголодавшихся людей (не менее 12-ти тысяч человек, если подсчитать всех, включая женщин и детей — см. Иоан.6:5-13), которые последовали за Иисусом в пустынное место, чтобы услышать Его учение. Взяв пять хлебов и две рыбки у мальчика, Он возблагодарил за них Отца. И в результате, смог накормить всю эту толпу да еще собрать 12 больших корзин остатков. Это изобилие! Это чудо также является поразительным проявлением сверхъестественного эффекта благодарения, вознесенного Богу в вере за пищу!

Позднее Иисус послал Своих учеников на проповедь, запретив им брать с собой запасы (Лук.9:1-3;10:1-4). В конце Своего земного служения Он напомнил им об этом и спросил, нуждались ли они в чем-нибудь. Они ответили: *«ни в чем»* (Луки 22:35). Это изобилие!

Мне самому довелось служить миссионером в разное время в двух странах. Могу сказать на основании своих наблюдений, что миссионеры могут быть обеспечены зданием, машиной и зарплатой, и при этом все равно постоянно нуждаться во многом. Ключ к изобилию — это не деньги, не зарплата и не материальное имущество, а вера, соединяющая нас с Божьим обеспечением!

Рассматривая примеры из жизни Иисуса, некоторые из вас могут возразить: «Ведь это был Иисус!

Как мы можем быть такими, как Он?» Но именно об этом и говорит Иисус:

Истинно, истинно говорю вам: верующий в Меня, дела, которые творю Я, и он сотворит...

Иоанна 14:12

Подобным же образом, апостол Иоанн, бывший очевидцем всего, что делал Иисус, утверждает:

Кто говорит, что пребывает в Нем, тот должен поступать так, как Он поступал.

1 Иоанна 2:6

Иисус дал нам образец хождения в вере, и мы призваны следовать этому образцу. Если мы все еще не решаемся принять этот вызов, то это может быть оттого, что мы не понимаем объема Божьей благодати.

Бог же силен обогатить вас всякой благодатью...

2 Коринфянам 9:8

Основанием обеспечения верующего является Божья благодать, а не его собственные способности и мудрость. Поэтому чтобы воспользоваться благодатью, нам нужно понять два главных принципа, которые лежат в основе действия благодати. Первый принцип указан в самом начале Евангелия от Иоанна:

...ибо закон дан чрез Моисея, благодать же и истина произошли чрез Иисуса Христа.

Иоанна 1:17

Итак, у Божьей благодати один-единственный канал — Иисус Христос. Божью благодать не получают через соблюдение какого-либо свода моральных или религиозных предписаний, но только через Христа — так было и так будет всегда.

Второй принцип нам раскрывают следующие слова апостола Павла:

Ибо благодатию вы спасены чрез веру... не от дел, чтобы никто не хвалился.

Ефесянам 2:8-9

Благодать намного превосходит все, что мы можем когда-либо достигнуть или заслужить своими собственными способностями. Поэтому единственным средством, благодаря которому мы можем получить ее, является вера. До тех пор, пока мы ограничиваем себя тем, что можем заслужить или заработать, мы не сможем насладимся Божьей благодатью вполне.

Как эти принципы действуют в сфере финансов? Во-первых, мы должны подчеркнуть, что Бог никогда не благословляет нечестность, лень или финансовую безответственность. В Притчах 10:4 мы читаем:

Ленивая рука делает бедным, а рука прилежных обогащает.

В Послании к Ефесянам 4:28 Павел говорит:

Кто крал, вперед не кради, а лучше трудись, делая своими руками полезное, чтобы было из чего уделять нуждающемуся.

Бог ожидает, чтобы мы честно трудились, по мере наших способностей. Трудились не только для того, чтобы обеспечить свои собственные нужды, но и чтобы иметь чем поделиться с теми, кто нуждается. Во 2-м Послании к Фессалоникийцам 3:10 Павел выражает свою мысль еще сильнее: *«если кто не хочет трудиться, тот и не ешь»*. Божья благодать не предназначена для непорядочных и ленивых людей.

Однако, может сделав все, что вы могли сделать для обеспечения самих себя и своей семьи, честно и по совести, вы едва сводите концы с концами, или даже не в состоянии покрыть свои нужды. Должны ли вы считать это Божьей волей? Послание о Божьей благодати призывает нас обратиться в вере к Богу через Иисуса Христа и доверить Ему ввести вас — теми путями, которые Он изберет — в такое изобилие в удовлетворении ваших нужд, какого вы не смогли достичь своей собственной мудростью и способностями.

Божье обеспечение служит на благо всего Тела Христова

Прежде чем мы расстанемся с вопросом, как Бог отвечает на наши нужды, мы должны признать еще один важный принцип: когда Бог заботится о нас, то смотрит на всех нас, как на единое целое. Бог не смотрит на нас, как на отдельных людей, но как на членов Своего единого Тела, связанных друг с другом сильными узами взаимной преданности и взаимного посвящения.

Представив Христа как Главу Тела, в 4-й главе Послания к Ефесянам Павел описывает, как согласно Божьему замыслу это Тело должно функционировать:

> *...из Которого все тело, составляемое и совокупляемое посредством всяких взаимно скрепляющих связей, при действии в свою меру каждого члена, получает приращение для созидания самого себя в любви.*

> Ефесянам 4:16

Павел подчеркивает здесь важность «связей», которые выполняют две функции: во-первых, они скрепляют Тело; во-вторых, они являются каналами обеспечения.

«Связи» представляют собой взаимоотношения между различными членами. Если они в порядке, то Божье обеспечение будет способно достичь всех членов Тела и ни один член не будет нуждаться. Но если «связи» действуют плохо, то есть члены Тела находятся в неправильных взаимоотношениях друг с другом или вообще не имеют взаимоотношений между собой, то отдельные части Тела Христова будут испытывать нужду. Это случается не потому, что Бог не в состоянии восполнить чьи-то нужды, а потому что наши неправильные мотивы и не соответствующие Божьей воле взаимоотношения препятствуют тому, чтобы Его обеспечение достигло тех, кто нуждается.

В Ветхом Завете, когда Бог выводил Свой народ из Египта, Он учил его этому принципу весьма практическим образом. Два или три миллиона человек оказались в пустыне без привычного продовольственного обеспечения. Чтобы обеспечить их пищей Бог посылал им на каждый день манну. Они должны были успеть собрать ее до восхода солнца, поскольку она начинала таять при первых же лучах.

Норма, в которой нуждался каждый израильтянин, называлась «гомор», что составляет примерно два литра с четвертью. Случалось так, что кто-то собирал больше, чем один гомор, кто-то меньше. Но когда они делились друг с другом, то оказывалось, что у каждого было ровно столько, сколько было нужно — ровно один гомор (Исх.16:14-18)! Но если бы они не пожелали делиться друг с другом, то кому-то бы не хватило. Конечно же Бог мог сделать так, чтобы каждый находил и собирал ровно столько, сколько ему одному нужно. Но Он поступил иначе, потому что хотел научить Свой народ ответственности друг за друга.

Этот принцип переносится и в Новый Завет. В 8-й главе 2-го Послания к Коринфянам Павел пишет об особом сборе, который он делал в церквях Македонии и Ахаи для бедствующих святых из Иудеи. Он объясняет коринфянам, что Бог равно заботится о различных частях Тела Христова, не ущемляя одних и не перегружая других.

Для того чтобы более наглядно показать работу этого принципа, Павел и приводит пример то, как

Израиль делился манной в пустыне:

> *Не требуется, чтобы другим было облегче-
> ние, а вам тяжесть, но чтобы была равно-
> мерность. Ныне ваш избыток в восполнение
> их недостатка; а после их избыток в воспол-
> нение вашего недостатка, чтоб была равно-
> мерность, как написано: «кто собрал много,
> не имел лишнего; и кто — мало, не имел
> недостатка».*

2 Коринфянам 8:13-15

Именно так и поступало собрание первых учеников в Иерусалиме после того, как на них сошел Дух
Святой. В 4-й главе Книги Деяния Лука повествует:

> *У множества же уверовавших было одно
> сердце и одна душа; и никто ничего из имения
> своего не называл своим, но все у них было
> общее. Апостолы же с великою силою свиде-
> тельствовали о воскресении Господа Иисуса
> Христа; и великая благодать была на всех
> их. Не было между ними никого нуждающе-
> гося; ибо все, которые владели землями или
> домами, продавая их, приносили цену продан-
> ного и полагали к ногам апостолов; и каждо-
> му давалось, в чем кто имел нужду.*

Деяния 4:32-35

Отметим в этом отрывке три взаимосвязанных
факта. Во-первых, *«апостолы... свидетельствовали
о воскресении Господа Иисуса Христа»*. Во-вторых,
«великая благодать была на всех их». В-третьих,
«не было между ними никого нуждающегося». Свидетельство апостолов было подтверждаемо видимой
благодать Божью на верующих. Практическим же
результатом было то, что все их нужды были удов-
летворены. Тем самым весь Божий народ являлся
свидетельством полноты Его благодати во всех сферах их жизни.

Сегодняшний мир нуждается в подобном свидетельстве. Людям этого мира необходимо увидеть сообщество христиан, которые имели бы такую связь с Богом через веру во Христа, и такое взаимное посвящение друг другу, что всех их нужды находили бы свое восполнение.

Вера не имеет заменителя

Наши взаимоотношения с Богом носят двусторонний характер. Писание подчеркивает важность обеих сторон. С одной стороны, как мы уже отметили, Бог открывает нам Свою благодать на основании нашей веры. В то же время, Бог отвергает всякое иное основание для поиска доступа к Нему, кроме веры. Наиболее сильно эта истина выражена в Послании к Евреям:

А без веры угодить Богу невозможно; ибо надобно, чтобы приходящий к Богу веровал, что Он есть, и ищущим Его воздает.

Евреям 11:6

Если бы мы не имели откровения Писания и нас бы спросили, что нам нужно сделать, чтобы угодить Богу, вряд ли кто-то из нас ответил так, как отвечает Писание. Чаще всего люди пытаются угодить Богу на основании всего, чего угодно, только не веры: нравственным поведением, добрыми делами, членством в церкви, пожертвованиями, молитвой или другими религиозными занятиями. Но без веры все это неприемлемо в очах Божьих. Что бы мы ни делали, какими бы хорошими ни были наши мотивы, какими бы искренними или ревностными ни были мы сами — все это не может заменить веру. Без нее мы не можем угодить Богу. Это невозможно!

Мы все время находимся лицом к лицу с этим неизменным Божьим требованием: «*надобно, чтобы приходящий к Богу веровал...*» Верить необходимо в две вещи. Во-первых, мы должны верить, что Бог есть. И большинство людей верят, что Бог существует, однако этого самого по себе недостаточно. Мы также должны верить, что Бог воздает тем, кто ищет Его. Это ведет нас дальше просто признания факта существования Бога — к Его природе. От нас требуется верить в то, что по Своей природе Бог является благим — Ему можно довериться и на Него можно положиться. Это устанавливает личные и прямые взаимоотношения между Богом и тем, кто верит. Такое верование в Бога ведет человека дальше просто учения или богословия.

В первой главе мы отметили, что вера связывает нас с двумя невидимыми реалиями: реалиями Бога и Его Слова. Теперь нам нужно сделать еще один шаг. Конечной целью веры является ничто иное, как Сам Бог. Верно, что мы верим в Слово Божье, но делаем мы это потому, что Его Слово — это продолжение Его Самого. Наше доверие Его Слову покоится на нашем доверии Ему, как Личности. Если мы когда-то перестанем верить Богу, мы, в конечном итоге, перестанем верить также и Его Слову.

Очень важно понять, что простое верование в какую-то форму учения или богословия — не это является конечной целью. Те люди, чья вера не идет дальше этого, никогда не придут к познанию той полноты и того богатства жизни, которые Бог предлагает нам. Божьей конечной целью являются прямые, близкие, личные взаимоотношения с Ним Самим. Они становятся как источником, так и целью нашей жизни.

Истолкованное таким образом пророчество Аввакума (*«праведный своею верою жив будет»*) направляет нас не на символ веры или богословскую систему, но на личные, постоянные, всеобъемлющие реальные взаимоотношения с Самим Богом. Именно о таких взаимоотношениях говорит Давид в Псалме 22:1:

Господь — Пастырь мой; я ни в чем не буду нуждаться...

Давид не выстраивает богословскую теорию, — он описывает взаимоотношения. На основании своих взаимоотношений с Господом как с Пастырем (Который ведет Давида) он утверждает: «Господь — мой Пастырь, поэтому я ни в чем не буду нуждаться (у меня не будет недостатка)». Какое прекрасное выражение абсолютной личной безопасности! На все нужды и ситуации есть ответ. Давид мог бы еще добавить другие слова, он мог бы сказать: «У меня не будет недостатка в деньгах или пище, или друзьях, или здоровье». Но такие уточнения сузили бы значение его слов. «У меня всего будет достаток...» — лучше сказать нельзя. Эти слова не требуют дополнения и не оставляют места какой-либо нужде или недостатку хоть в чем-то.

Меня удивляет то, как Писание выражает чрезвычайно глубокие истины самым простым языком. В древнееврейском оригинале во второй части 1-го стиха 22-го Псалма всего лишь четыре слова. Тем не менее эти несколько коротких слов описывают такие глубокие и сильные взаимоотношения, которые охватывают любую нужду, которая может только возникнуть, — в жизни и в смерти, во времени и в вечности.

Основной грех — неверие

Мы уже отметили, что праведности можно достичь только исходя из веры. Давайте убедимся в том, что истинно и противоположное: всегда конечным источником греха является неверие.

По словам Иисуса служением Духа Святого является обличение мира в грехе, о правде (праведности) и о суде:

*...и Он пришед обличит мир о грехе и о прав-
де и о суде.*

Иоанна 16:8

Затем Иисус уточняет, в каком именно грехе
обличит Дух Святой:

О грехе, что не веруют в Меня...

Иоанна 16:9

Основной грех, в котором виновен весь мир —
это неверие. Это основание всех остальных грехов.

Значение слова «грех» в оригинале Библии можно перевести фразой «не попасть в цель». В Книге
пророка Исаии 53:6 сказано:

*Все мы блуждали как овцы, совратились
каждый на свою дорогу; и Господь возложил
на Него (Иисуса) грехи всех нас.*

Здесь показана сущность греха — блуждание
своими собственными путями. Не все из нас были
пьяницами, ворами или убийцами, но каждый из нас
шел своей собственной дорогой, не достигая цели
Божьей для своей жизни.

3-я глава Послания к Евреям рассматривает именно грех неверия и его последствия. Там дано напо-
минание о том, что целое поколение народа Божьего
вышло из Египта под руководством Моисея, но так
и не смогло войти в землю обетованную, а полегло
костьми в пустыне. В 12-м стихе этот трагический
урок Израиля приводится для нас, учеников Иисуса
Христа, в качестве отрезвляющего примера:

*Смотрите, братия, чтобы не было в ком из
вас сердца лукавого и неверного, дабы вам не
отступить от Бога живого.*

Евреям 3:12

Многие христиане имеют тенденцию рассматривать неверие, как нечто достойное сожаления, но
сравнительно безобидное. Но оказывается, что неве-
рующее сердце — лукаво (в том смысле, что оно

активно в своем стремлении обмануть своего обладателя). Неверие — это зло, оно приводит к отпадению от Бога. Точно так же, как вера налаживает отношения с Богом, так неверие их разрушает. Их действие противоположно. Читаем далее:

Но наставляйте друг друга каждый день, доколе можно говорить «ныне», чтобы кто из вас не ожесточился, обольстившись грехом...

Евреям 3:12

Неверие ожесточает (делает нечуткими, невосприимчивыми к Святому Духу) наши сердца и, таким образом, открывает наше сердце для обольщения грехом и сатаной. Предупреждение об опасности неверия очень существенно. Послание к Евреям соотносит его с сегодняшним днем, говоря «ныне». Это относится к нам, ученикам Христа, не меньше, чем к израильтянам, вышедшим из Египта под руководством Моисея. Последствия неверия столь же смертоносны для нас, как были и для них.

Наконец, мы читаем о падении Израиля и видим причину этого:

На кого же негодовал Он сорок лет? Не на согрешивших ли, которых кости пали в пустыне? Против кого же клялся, что не войдут в покой Его, как не против непокорных? Итак видим, что они не могли войти за неверие.

Евреям 3:17-19

Обратим внимание на последние слова — *«за неверие»*. Эти израильтяне были виновны во многих грехах, включая прелюбодеяние, идолопоклонство, ропот, неповиновение и пр. Но тем особым грехом, который не допустил им войти в их наследие было неверие. Неверие является источником всех остальных грехов.

Мы увидим в этом логику, когда придем к пониманию, что истинная вера в своей сути опирается на природу Самого Бога. Если мы от всего сердца верим в три качества Божьей природы — Его благость, мудрость и силу, то мы никогда не будем непослушны Ему.

Если во всех ситуациях мы можем верить, что Бог благ, что Он желает нам наилучшего, что Он обладает мудростью, чтобы знать, что является наилучшим для нас, и что Он имеет силу обеспечить это, — то у нас никогда не возникнет мотива к непослушанию. Всякое непослушание Богу начинается с неверия.

В конечном итоге, мы можем иметь только одно из двух отношений к Богу: или веру, которая соединяет нас с Ним, или неверие, которое отделяет нас от Него. Одно исключает другое. Послание к Евреям снова цитирует пророчество Аввакума и предоставляет нам выбор:

Праведный верою жив будет; а если кто поколеблется, не благоволит к тому душа Моя. Мы же не из колеблющихся на погибель, но стоим в вере ко спасению души.

Евреям 10:38-39

Если мы уже посвятили себя жизни, основанной на вере, мы не можем позволить себе отступить. Возвращение к неверию означает тьму и разрушение. Продвижение вперед нам нужно продолжать так, как мы начали — в вере!

Заключение

Послание о спасении и праведности Нового Завета основано на словах из пророчества Аввакума: «*праведный верою жив будет*». Через веру во Христа Иисуса мы получаем от Бога, здесь и сейчас, жизнь нового качества — Божью, вечную, праведную. По мере того, как мы применяем нашу веру в различных сферах своей жизни, наша жизнь наполняется и преобразуется этой полученной от Бога жизнью.

Принцип хождения верой должен действовать в простых практических вопросах. В 14-й главе Послания к Римлянам Павел указывает на этот принцип в вопросе приема пищи. Он делает вывод, что имеет значение не то, что мы едим, но едим ли мы по вере.

Что значит «есть по вере»? Во-первых, мы смотрим на нашу пищу, как на дар от Бога. Во-вторых, мы благодарим Бога за нее. В-третьих, наша пища освящается таким образом. В-четвертых, мы посвящаем полученную через пищу силу для служения Богу и Его славе. Так вера преобразует обычное занятие в священнодействие.

Еще одной практической сферой применения нашей веры является вопрос финансового и материального обеспечения наших нужд. Через Христа Божья благодать становится доступна нам во всем своем изобилии. Бог обещает восполнить в Иисусе Христе все наши материальные нужды в такой мере, чтобы мы могли поделиться и с другими. Однако Божье изобилие зависит не от количества денег и имущества, но исключительно от веры. Жизнь Самого Иисуса являет пример изобилия без денег и имущества. Мы должны принять этот вызов и следовать Его примеру. В то же самое время в Писании мы имеем строгое предостережение не быть ленивыми, непорядочными или безответственными.

Для того чтобы весь Божий народ разделил Его изобилие, мы должны смотреть на себя не просто как на отдельную личность, но как на членов Тела Христова. Бог учил Израиль этому уроку посредством манны, которой Он питал их в пустыне. Для того чтобы всем израильтянам было достаточно еды, им нужно было делиться друг с другом. Точно так же обстоит дело с Телом Христовым. Если наши мотивы и взаимоотношения правильны, то мы делимся друг с другом, и тогда все имеют достаточно. Неправильные взаимоотношения и мотивы могут перекрыть каналы полноты благословений для некоторых частей Тела.

После того, как Дух Святой был излит на первых учеников в Иерусалиме, вера практически проявилась в двух рассмотренных нами сферах — пище и финансах. Прием пищи стал для них священнодействием, сопровождаемым благодарением и поклонением. Они делились своими средствами друг с другом так, что *«не было между ними никого нуждающегося»*. (Деян.4:34). Такое проявление Божьей благодати в их повседневной жизни помогало им завоевывать для Христа сердца окружающих.

Бог не дает нам никакого иного основания для нашего приближения к Нему, кроме веры. Однако недостаточно просто верить в Его существование. Мы должны верить в то, что Он является благим Богом. Это вы водит нас за рамки просто богословских теорий к прямым близким отношениям с Ним Самим, как Личностью. Такие отношения становятся гарантией нашего полного обеспечения и безопасности: если Господь — мой Пастырь, то я ни в чем не буду нуждаться!

Первоначальным источником греха является неверие. Если мы имеем полносердечную, непоколебимую веру в Божью благость, мудрость и силу, то у нас не будет мотивации ко греху. Послание к Евреям указывает, что неверие помешало Израилю войти в землю обетованную, и предупреждает учеников Христа об этой смертельной ошибке. В конечном итоге, возможны только два вида отношения к Богу: вера, которая соединяет нас с Ним, и неверие, которое отделяет нас от Него.

Глава шестая

КАК ВЕРА ПРИХОДИТ

В предыдущей главе мы убедились в бескомпромиссном требовании Бога жить верой: *«праведный верою жив будет»* (Рим.1:17); *«все, что не по вере, грех»* (Рим.14:23); *«а без веры угодить Богу невозможно; ибо надобно, чтобы приходящий к Богу, веровал»* (Евр.11:6). В свете этих Божьих требований мы без труда понимаем, почему Писание сравнивает веру с драгоценным золотом. Ее ценность уникальна. Его ничем не заменишь. Без веры нельзя приблизиться к Богу, без нее нельзя угодить Богу, нельзя принять Его жизнь.

Как же нам в таком случае приобрести веру? Является ли она чем-то непредсказуемым и необъяснимым, совершенно нам неподвластным? Та самая Библия, которая представляет Божьи требования к вере, указывает ли она нам путь получения веры?

В этой главе я хочу поделиться с вами одним из самых важных моих открытий в моей жизни. Подобно большинству уроков, которые никогда не теряют свою ценность, усвоение его было непростым — на собственном опыте. Из времени борений и страданий я вынес одну драгоценную жемчужину: я усвоил, как приходит вера.

Свет в темной долине

Во время моей службы в британской армии в годы Второй Мировой войны, из-за хронического заболевания кожи я вынужден был провести 12 месяцев подряд в военном госпитале в Египте. Месяц шел за месяцем, а я все больше убеждался, что в условиях горячего пустынного климата врачи не могли вылечить меня. Поскольку незадолго до этого я был рожден свыше и принял крещение Духом Святым, я имел настоящие и близкие взаимоотношения с Богом. Каким-то образом я чувствовал, что у Него есть ответ на мою проблему — но не знал, как найти этот ответ.

Снова и снова я говорил самому себе: «Если бы у меня была вера, то Бог исцелил бы меня». Но тут же добавлял: «Но у меня ее нет». Всякий раз, когда я произносил это, я оказывался в том состоянии, которое Джон Буньян в своей книге «Путешествие Пилигрима» назвал «топью уныния» — угрюмой долине безысходности и одиночества.

Но однажды эту темноту вдруг пронзил яркий луч света. Я сидел на больничной койке, облокотившись на подушку, а на коленях у меня лежала моя Библия. И вдруг мой взгляд упал на следующие слова:

Итак, вера (происходит) от слышания, а слышание от слова Божия.

Римлянам 10:17

Мое внимание привлек предлог *«от»* (предлог, который переведен в Синодальном переводе как «от», а в англ. версии короля Якова как «приходит от», имеет значение: «движения изнутри наружу, происхождения, источника, отделения, выделения, причины, средства, состава» — греческий лексикон Стронга, примеч. переводчика). Меня потряс тот факт, что веру, оказывается, откуда-то можно взять. Если у меня ее не было, то я мог получить ее!

Но откуда берется вера? Я снова прочитал стих: *«Итак, вера от слышания, а слышание от слова Божия»*. Я уже признал Библию в качестве Слова Божьего. Итак, источник веры здесь — в моих в руках. Но что это значит *«слышание»*? Как я мог «услышать» то, что Библия хочет мне сказать?

Я решил вернуться назад и перечитать Библию от начала до конца, книгу за книгой, по порядку. В то же самое время я вооружился синим карандашом, намереваясь подчеркивать синим цветом все отрывки, имеющие отношение к следующим вопросам: исцеление, здоровье, физическая крепость, долголетие. Временами это было нелегко, но я был настойчив. Я был удивлен, как часто мне пришлось пользоваться моим синим карандашом.

Примерно два месяца спустя я достиг Книги Притч. Здесь я встретил три стиха подряд, которые потребовали мой синий карандаш:

Сын мой! словам моим внимай, и к речам моим приклони ухо твое; да не отходят они от глаз твоих; храни их внутри сердца твоего; потому что они жизнь для того, кто нашел их, и здравие для всего тела его.

Притчи 4:20-22

По мере того, как я подчеркивал эти слова, их смысл начинал понемногу доходить до меня. *«Сын мой...»* — лично ко мне обращался мой Отец, Бог. Содержание обращения было очень личным. Бог говорил мне, чем могут быть для меня Его *«слова»* и Его *«изречения»* — *«здравием для всего тела»*. Разве мог Бог пообещать что-то большее для моего физического тела? «Здоровье» и «болезнь» взаимоисключают друг друга. Если все мое тело здорово, то в нем нет места болезни.

Я обратил внимание, что на полях моей Библии содержится еще один перевод слова *«здравие»* — *«лекарство»*. Может ли Слово Божье на самом деле быть лекарством для исцеления всего моего тела? После долгих внутренних колебаний, я решил провести испытание. По моей просьбе мне перестали давать лекарства. Затем у качества лекарства я начал принимать Слово Божье. До этого я служил санитаром и знал, как пациенты обычно принимали лекарства: «три раза в день после еды». Я решил принимать Слово Божье таким же образом.

Когда я принял это решение, Бог так ясно проговорил в мой разум, как будто я услышал Его явный голос: *«Когда доктор предписывает лекарство больному, то указания, как его принимать, написаны на бутылочке. Тебе лучше ознакомиться с этими указаниями».*

Внимательно прочитав эти стихи еще раз, я обнаружил в них четыре предписания для приема Божьего Слова:

1. *«Внимай...»* Читая Слово Божье я должен сконцентрировать все свое внимание на Слове Божьем, не отвлекаясь на посторонние вещи и оставив все, что мешает.

2. *«Приклони ухо твое...»* Приклоненное ухо говорит о смиренном отношении, об открытости к научению. Я должен отложить в сторону свои предубеждения, предвзятое мнение, предрассудки и открытым разумом принять то, что Бог говорит мне.

3. *«Да не отходят они от глаз твоих...»* Я должен сосредоточить свой взор на словах Божьих. Я должен удерживать свои глаза от блуждания по другим, сомнительным источникам, не основанных на Писании, таким как различные книги или статьи.

4. *«Храни их внутри сердца твоего...»* Даже тогда, когда слова Писания не будут физическим образом находится перед моими глазами, я должен рассуждать о них в своем сердце, удерживая их таким образом у самого источника моей жизни, в самом центре себя.

Для описания дальнейших событий потребовалась бы отдельная книга. Меня перевели из Египта в

Судан, страну с одним из самых неподходящих для меня климатов во всей Африке и с температурой до 55-ти градусов по Цельсию. Чрезмерная жара в то время только ухудшала состояние моей кожи. Все в этих обстоятельствах было против моего исцеления. Я видел, как заболевали даже здоровые мужчины, которые оказывались в тех условиях. Однако постепенно я начал осознавать, что исполнение Божьих обетований не зависит от внешних обстоятельств, а зависит исключительно от выполнения поставленных Богом условий.

Так я просто продолжал принимать мое «лекарство» три раза в день. Перед каждым приемом я склонял голову над открытой Библией и говорил: «Господи, Ты пообещал, что Твои слова будут здравием для всего моего тела. И я сейчас принимаю их как Твое лекарство. Во имя Иисуса!»

Изменения, которые произошли, нельзя назвать неожиданными или драматичными. Я не пережил того, что можно было бы назвать «чудом» (Дерек Принс проводит различие между Божьим «чудом», как мгновенным, драматическим изменением, и Божьим «исцелением», как процессом, занимающим достаточно продолжительный отрезок времени, хотя и то и другое имеют сверхъестественную природу — примеч. редактора). Однако после трех месяцев пребывания в Судане я обнаружил, что мое «лекарство» оправдало себя. Я полностью выздоровел! В моем теле больше не было никакой болезни. Я в буквальном смысле обрел *здравие для всего тела* своего.

Это не было самовнушением — некоей временной иллюзией, которая быстро исчезает. С тех пор прошло более 50-ти лет. За некоторыми временными исключениями я продолжаю наслаждаться прекрасным здоровьем. Оглядываясь назад, я осознаю, что пройдя время испытаний к конечной победе, я подключился к источнику жизни сверхъестественного уровня, который действует в моем теле и по сей день.

Логос и рема

Я так подробно описал шаги, которые привели меня к исцелению и здоровью, потому что они иллюстрируют определенные глубокие и неизменные принципы, относящиеся к природе Слова Божьего.

В греческом оригинале Нового Завета есть два слова, которые переводятся на русский язык как «слово». Одно из них *логос*, а другое — *рема*. Иногда эти два слова используются взаимозаменяемо. И, тем не менее, каждое слово имеет свое отличительное и особое значение.

Полное значение слова *логос* гораздо шире сказанного или написанного слова. Оно означает все те функции, которые являются выражением сознания. Авторитетный словарь греческого языка под редакцией Лидделла и Скотта определяет *логос* как «силу ума, которая проявляется в речи: понимание, разум». В этом смысле *логос* является неизменным, полным и вечным Словом Божьим. Это Божий совет (разум и мудрость) утвержденный в вечности прежде существования времени и которые продолжатся в вечности и после того, как время завершит свой бег. Именно об этом Божьем *логос* говорит Давид:

На веки, Господи, слово Твое утверждено на небесах...

Псалом 118:89

Ничто, происходящее на земле, не может ни повлиять, ни изменить это слово, которое навеки утверждено на небесах. С другой стороны, слово *рема* образовано от глагола «говорить» и означает «сказанное слово» — нечто, что происходит в пространстве и времени.

В Послании к Римлянам 10:17, когда Павел говорит, что *«вера от слышания, а слышание от слова Божия»*, он употребляет слово *«рема»*, а не *«логос»*. Это согласовывается с тем, что Павел соединяет «слово» со «слышанием». Логически, чтобы быть услышанным, слово должно быть произнесено.

Когда я полусидя на больничной койке держал перед собой раскрытую Библию, то с материальной точки зрения передо мной были всего лишь белые листы с черными буквами, отпечатанными типографской краской на бумаге. Но когда я обратился к тем словам из 4-й главы Притч о том, что слово Божье является здравием для всего моего тела, то эти слова перестали быть просто черными буквами на белой бумаге. Бог взял именно те слова, которые отвечали моей нужде в тот момент, и вдохнул в них Свою жизнь. Они стали *«рема»* — тем, что я мог «услышать» — живым голосом, который обращался к моему сердцу. Сам Бог через Свой Святой Дух говорил непосредственно и лично со мной. По мере слышание Его слов ко мне пришла вера.

Это подтверждается словами Павла во 2-м Послании к Коринфянам (в греческом оригинале нет заглавных и прописных букв, и хотя в Синодальном переводе слово «дух» написано с маленькой буквы, но здесь имеется в виду Дух Святой — примеч. редактора):

> *...буква убивает, а дух животворит.*
>
> 2 Коринфянам 3:6

Без Духа Святого *«рема»* не может прийти. Через Библию *«логос»* — весь совет Божий в широком смысле — становится доступным для меня. Но *«логос»* слишком обширен и слишком труден для моего восприятия и усвоения. Посредством *«рема»* Дух Святой доносит часть *«логос»* из вечности во время и жизнь конкретного человека. *«Рема»* — это та часть всего *«логос»*, которая применима в определенный момент времени в моей конкретной ситуации. Божий *«логос»* проявляется в моей жизни благодаря *«рема»*, тем самым становясь личным и действенным для меня и в моей жизни.

В этом взаимодействии между Богом и человеком, через которое приходит вера, инициатива принадлежит Богу. Это не оставляет места для самонадеянности с нашей стороны. В Послании к Римлянам 3:27 Павел говорит, что то, чем мы могли бы хвалиться, уничтожается законом веры.

Только Бог знает (лучше, чем вы и я), какая именно часть Его *«логос»* необходима нам в данный момент. Через Свой Святой Дух Он направляет нас именно к тем словам Библии, которые важны в данный момент, и «оживляет» их, так что они становятся *«рема»* — живым голосом. В этот момент от нас требуется «услышать». В той степени, в которой мы «слышим», мы получаем веру.

Что включает в себя «слышание»? Важно, чтобы мы знали, как можно лучше, какие требования предъявляются к нам. Это тоже было частью урока, который я получил тогда в военном госпитале на больничной койке. В мудрости Божьей, те слова, которые были данны мне из 4-й главы Книги Притч, не только отвечали на мою физическую нужду. Вдобавок к этому они были полным и подробным ответом на вопрос, что в действительности означает «слушать» Слово Божье.

Итак, как же «слушать», чтобы «услышать»? — Бог указал мне на четыре момента в том «рецепте» по приему «лекарства» Его Слова: во-первых, *«внимай»*; во-вторых, *«приклони ухо твое»*; в-третьих, *«да не отходят они от глаз твоих»*; в-четвертых, *«храни их внутри сердца твоего»*. Не имея поначалу полного понимания, как это все действует, но следуя этим четырем предписаниям, я «слушал» — и в результате пришла вера.

Итак, «слушание» включает в себя следующие четыре составляющие:

1. *«Внимай»* — мы сосредотачиваем все свое внимание на том, что Бог говорит нам через Дух Святой. Твердым волевым решением исключаем всякое постороннее отвлекающее влияние.

2. *«Приклони ухо твое»* — мы принимаем смиренное и открытое для наставления отношение к Богу. Отказываемся от своих предубеждений и предрассудков, принимаем сказанное Богом в его простом и самом практическом значении.

3. *«Да не отходят они от глаз твоих»* — мы фокусируем наш взгляд на тех словах, к которым Бог направил нам. Мы не позволяем своим глазам блуждать по утверждениям из других источников, которые находятся в противоречии с тем, что говорит Бог.

4. *«Храни их внутри сердца твоего»* — даже когда мы не смотрим в Божье Слово, мы продолжаем размышлять о нем в своем сердце. Мы продолжаем держать их в центре своего естества, и их влияние пропитывает все сферы нашей жизни.

Итак, Божья *«рема»*, которая приходит таким образом, является конкретной и личной. Обратимся к примеру моего исцеления. Бог говорил тогда лично со мной и в моей конкретной ситуации. Он показал мне, как исцелиться: я должен был предпочесть лечебное воздействие Его Слова обычному лечению. Я послушался и был исцелен.

Но с моей стороны было бы ошибочно утверждать, что в точности таким же самым путем получения исцеления Бог поведет кого-нибудь другого или даже мне самого в другой период моей жизни. Надо сказать, что в следующих случаях, когда я нуждался в исцелении, водительство Божье носило иной характер. Были времена, когда я с благодарностью принимал помощь врачей и получал свое исцеление через них. (Другими словами, Божьи принципы получение веры остаются неизменными, но ее практическое применение зависит от водительства Божьего – примеч. редактора.)

Итак, *«рема»* приходит к нам напрямую и лично от Бога. Она предназначена для конкретного момента и места. Она предполагает постоянные личные взаимоотношения с Богом. Посредством каждой следующей *«рема»* Бог индивидуально проводит нас дальше по той тропе веры, на которую Он призвал нас. Может быть так, что *«рема»*, однажды данная одному верующему, не поможет другому, или даже тому же верующему в другой ситуации.

Такая жизни постоянной зависимости от Божьих *«рема»* ясно показана в словах Иисуса, которыми Он отвечал дьяволу во время искушения в пустыне:

Не хлебом одним будет жить человек, но всяким словом («рема»), исходящим из уст Божиих.

Матфея 4:4

Слово «исходящим» обозначает настоящее продолжительное время. Мы можем сказать так: «Но каждым словом, по мере того, как оно исходит, и продолжает исходить из уст Божьих». Здесь Иисус говорит о слове, исходящем из Божьих уст, заряженном дыханием Его уст — Духом Святым. Это наша ежедневная пища — *«хлеб наш насущный»*, всегда свежий, всегда *«исходящий»*. Когда мы живем в постоянной зависимости от него, он обеспечивает нас, день за днем, той верой, которой праведник жив будет.

Мы можем суммировать связь между *«логос»* и *«рема»* следующим образом:

   – *«рема»* берет вечный *«логос»* и вводит его во время;

   – *«рема»* берет небесный *«логос»* и приносит его на землю;

— *«рема»* берет потенциал вечного *«логос»* и реализует его;

— *«рема»* берет общий *«логос»* и конкретизирует его;

— *«рема»* берет часть всего *«логоса»* и дает его в той форме, которую может воспринять человек;

— *«рема»* подобно отдельным кусочкам того хлеба, который преломил Иисус и накормил множество народа; она соответствует нуждам и силе каждой отдельной личности; часто она приходит к нам через руки других людей.

С небес на землю

В Книге Пророка Исаии мы находим очень яркую картину взаимосвязи *«логос»* и *«рема»*:

Мои мысли — не ваши мысли, не ваши пути — пути Мои, говорит Господь. Но, как небо выше земли, так пути Мои выше путей ваших, и мысли Мои выше мыслей ваших. Как дождь и снег нисходит с неба и туда не возвращается, но напояет землю, и делает ее способною рождать и произращать, чтоб она давала семя тому, кто сеет, и хлеб тому, кто ест: так и слово Мое, которое исходит из уст Моих, — оно не возвращается ко Мне тщетным, но исполняет то, что Мне угодно, и совершает то, для чего Я послал его. Итак вы выйдете с веселием и будете провожаемы с миром; горы и холмы будут петь пред вами песнь, и все дерева в поле рукоплескать вам. Вместо терновника вырастет кипарис; вместо крапивы возрастет мирт; и это будет во славу Господа, и знамение вечное, несокрушимое.

Исаия 55:8-13

Здесь мы видим два уровня — небесный и земной. На небесном уровне находится Божественный *«логос»* — это Божьи пути и мысли, весь совет Божий, навеки утвержденный на небесах. На земном уровне находятся человеческие пути и мысли, которые гораздо ниже Божьих и никак не могут быть сравнимы с ними. Человек никоим образом не может подняться со своего уровня и достигнуть Божьего, но Бог усмотрел способ, благодаря которому Его пути и мысли могут быть даны человеку. Господь говорит, что Его слово, которое исходит из Его уст, подобно дождю и снегу, которые приносят на землю небесную влагу, дающую жизнь.

Это то же самое слово, о котором говорит Иисус в Евангелии от Матфея 4:4 — слово, исходящее из уст Божьих — то слово, которым будет жить человек. Это часть небесного *«логос»*, сходящая на землю как *«рема»*, сказанное слово. Оно передает нам ту часть Божьих путей и мыслей, которая необходима в нашей ситуации и является ответом на наши нужды и вызовы в данный момент.

Принятое в послушании *«рема»* наполняет нашу жизнь такими действиями и плодами, которые прославляют Бога. Мы выходим с весельем, и нас провожают с миром, вместо терновника вырастает кипарис, вместо крапивы возрастает мирт. «Терновник» и «крапива» олицетворяют наши пути и мысли. Когда мы получаем *«рема»* из уст Божьих, вместо них появляются «кипарис» и «мирт», которые олицетворяют Божьи пути и мысли.

Давид и Мария как примеры для нас

Чтобы ярче проиллюстрировать то, как *«рема»* приходит и какого результата она достигает, мы возьмем два прекрасных примера из Писания — ветхозаветный из жизни Давида и новозаветный из жизни Марии.

В 17-й главе 1-й Книги Паралипоменон мы видим, как Давид утверждается царем над Израилем — победоносным, процветающим и успешным. Сравнив свой роскошный дворец со скромной скинией, в которой все еще обитал священный ковчег Божьего завета, Давид пожелал построить храм, достойный Бога и Божьего завета. Пророк Нафан, с которым Давид делится своим желанием, услышав об этом от своего царя, сначала поощряет его, но в ту же ночь Бог говорит к Нафану и посылает его к Давиду со словами:

Пойди и скажи рабу Моему Давиду: так говорит Господь: не ты построишь Мне дом для обитания... и возвещаю тебе, что Господь устроит тебе дом.

1 Паралипоменон 17:4,10

Это пример отличия путей и мыслей Божьих от человеческих. Самые высокие замыслы Давида все равно были на земном уровне — он желал построить дом для Бога. Обетование, которое он услышал в ответ от Бога, было на небесном уровне и гораздо выше того, что Давид мог представить: Бог Сам обещает построить дом Давиду. Более того, Давид употребляет слово «дом» в материальном смысле, просто как жилище. В то время как Бог в Своем обещании о «доме» в более широком смысле — как пребывающее потомство, то есть царская линия, которая будет длиться вечно.

Пророчество Нафана Давиду содержало *рема* — прямое личное слово от Бога. В ответ Давид пошел и *«стал пред лицом Господним»* (1Пар.17:16) (в Синодальном переводе написано «стал», но в оригинале и в большинстве др. переводов: «пришел и сел пред лицом Господа» — примеч. редактора). Что в тот момент происходило с Давидом? Во-первых, вне всякого сомнения, он отказался от своих собственных планов и представлений. Постепенно, по мере освобождения от них, он начал размышлять над посланием Бога, позволяя Божьему слову проникнуть в самую глубину своего естества. В подобном состоянии внутреннего покоя он был способен «слышать». В конечном итоге от «слышания» пришла вера, столь необходимая для того, чтобы принять то, что Бог пообещал ему. Все еще находясь в присутствии Божьем, Давид отвечает:

Итак теперь, о, Господи, слово, которое Ты сказал о рабе Твоем и о доме его, утверди на век, и сделай, как Ты сказал.

1 Паралипоменон 17:23

«*Слово, которое Ты сказал*» — это «*рема*». Она не возникло на земном уровне, в мыслях и путях Давида. Это слово сошло с неба, принося Давиду откровение о планах и помышлениях Божьих. Услышав эту «*рема*» и дав ей возможность произвести в нем веру, Давид принял это обещание посредством молитвы, которая опирается на эти три короткие слова: «*как Ты сказал*».

«*Сделай, как Ты сказал*» — эти слова являются выражением самой эффективной молитвой, которой только можно молиться — она так проста, так логична и вместе с тем так сильна. Если мы действительно убеждены, что Бог сказал нам что-то, и, в свою очередь, просим Его сделать то, что Он пообещал, то как можно сомневаться в том, что Он это совершит? Какая сила на небе или на земле может воспрепятствовать этому?

Давайте теперь перенесемся на тысячу лет вперед после царствования Давида. Скромной деревенской девушке из города Назарет, происходящей из царской линии, по имени Мария явился ангел с вестью от Самого Бога:

...и вот, зачнешь во чреве, и родишь Сына, и наречешь Ему имя: Иисус; Он будет велик и наречется Сыном Всевышнего; и даст Ему Господь Бог престол Давида, отца Его; и будет царствовать над домом Иакова вовеки, и Царству Его не будет конца.

Луки 1:31-33

Когда Мария спросила, как это произойдет, ангел объяснил, что это произойдет благодаря сверхъестественной силе Святого Духа, и завершил свою весть следующими словами:

...ибо у Бога не останется бессильным никакое слово.

Луки 1:37

Здесь «слово» — «*рема*». Можно было бы перевести и так: «Всякое слово («*рема*») Божье содержит в себе силу для своего осуществления».

Ангел приносит Марии «*рема*» — прямое, личное слово к ней от Бога. Эта «*рема*» содержит силу для реализации обещанного. Результат зависел от ответа Марии.

И она ответила:

...се, раба Господня; да будет мне по слову Твоему.

Луки 1:38

Этими словами Мария высвободила сверхъестественную силу Божью, заключенную в «*рема*», и предоставила свое тело для исполнения обещанного. В результате этого произошло величайшее чудо в истории человечества: рождение Вечносущего Сына Божьего от девственницы.

В своей простоте, ответ Марии подобен словам Давида. Его ответ на Божье «*рема*» звучал так: «*сделай, как Ты сказал*». Мария ответила: «*да будет мне по слову Твоему*». Обе эти простые фразы высвободили чудодейственную силу Божью для исполнения данных обетований. В обоих случаях, *«рема»*, принятое верой, содержало силу для своего осуществления.

Возможно кто-то поставит под вопрос утверждение, что чудесное рождение Иисуса зависело от ответа веры Марии. Тем не менее об этом ясно говорят последние слова, которыми Елизавета позднее приветствовала Марию:

...блаженна Уверовавшая, потому что совершится сказанное Ей от Господа.

Луки 1:45

Смысл ясен: обетование исполнилось, потому что Мария уверовала в него. Без этого чудотворная сила Божья не исполнила бы то, что было обещано.

Давайте посмотрим, как переживания Давида и Марии перекликаются друг с другом:

1. Оба получили *«рема»* — прямое личное слово от Бога.

2. В этом *«рема»* были выражены пути и мысли Самого Бога — сказанное намного превосходило то, что они могли бы сами придумать или помыслить.

3. Когда они услышали *«рема»*, — это дало им веру.

4. Оба выразили свою веру простыми словами, которые говорят об их согласии с тем, что обещано: *«сделай, как Ты сказал»* и *«да будет мне по слову Твоему»*.

5. Вера, выраженная таким образом, открыла дорогу силе Божью для исполнения того, что было обещано.

Бог и сегодня действует со Своим народом точно таким же образом. Своим Святым Духом Он извлекает из Своего *«логос»*, вечного совета Божьего, то Свое особое слово *«рема»*, которое соответствует нашей конкретной ситуации в пространстве и времени. Когда мы слышим это *рема*, приносимое нам Святым Духом, к нам приходит вера. Затем, когда мы, используя веру, принимаем *рема*, то обнаруживаем, что слово от Бога содержит в самом себе силу для своего исполнения.

Заключение

Библия говорит о том, что Бог требует от нас веру, но также она показывает нам, как приобрести веру. Павел пишет в Послании к Римлянам 10:17, что вера приходит от *слышания* слова Божьего — Божьего *рема* — исходящего из уст Божьх. Его слова, оживленного Духом Святым, которое становится нашим личным.

Мы должны понять взаимосвязь между словом *логос* и словом *рема*. «Логос» — это неизменный совет Божий, навеки утвержденный на небесах. «Рема» — это сказанное слово, которым Дух Святой приносит частицу *логоса* из вечности в определенное время в жизнь конкретных людей. Посредством *рема* *логос* становится для нас понятным, личным и конкретным. Когда мы слышим *рема*, — через это к нам приходит вера.

Что подразумевается под «слышанием»? Хороший практический пример этого дан в трех стихах из Книги Притчей 4:20-22, которые я называю «бутылочкой Божьего лекарства». На этой «бутылочке» указаны четыре пункта, которые включает в себя «слушание»:

1) уделите полное и безраздельное внимание тому, что Бог говорит вам через Дух Святой;

2) примите смиренное и открытое к научению отношение;

3) сфокусируйте свой взгляд на словах, к которым Бог направляет вас;

4) постоянно размышляйте над ними в своем сердце.

«Рема» — это слово, исходящее из уст Божьих. Продолжая принимать каждое такое слово, приходящее к нам, мы получаем свой духовный *«хлеб насущный»*, благодаря которому мы поддерживаем свою духовную жизнь и постоянное хождение с Богом.

«Рема» также сравнивается с дождем и снегом, которые приносят на землю животворную небесную влагу, заменяя бесплодие плодоносностью. Оно дает нам, находящимся на человеческом уровне, Божьи пути и мысли, которые заменяют наши собственные.

Действие *«рема»* можно рассмотреть на двух примерах: из жизни царя Давида и девы Марии. Давид пожелал построить дом для Господа, но Господь послал Свое *«рема»* о том, что Он Сам устроит дом для Давида. Через ангела Гавриила Бог послал Марии *«рема»*, что она станет матерью долгожданного Мессии израильского народа, Сына Божьего. В обоих случаях, когда Давид и Мария услышали *«рема»*, — это дало им веру. А через веру они смогли получить исполнение того, что было обещано. Их ответы были краткими, но удовлетворительными: *«сделай, как Ты сказал»* (1Пар.17:23); *«да будет мне по слову Твоему»* (Лук.1:38).

Глава седьмая

ВЕРА ДОЛЖНА БЫТЬ ИСПОВЕДАНА

Когда вера пришла к нам, есть три фазы развития, через которые она должна пройти: исповедание, проявление в действии и испытание. Вера должна быть исповедана устами, вера должна быть проявлена в действии; вера должна быть испытана.

Исповедание устами

Слова *«исповедовать»* и *«исповедание»* являются важными Библейскими терминами, имеющими особое значение. Греческий глагол *«хомологео»*, переводимый как *«исповедовать»*, буквально означает *«говорить то же самое, что и…»*. В нашем случае «исповедание» всегда прямо связано со Словом Божьим. Исповедовать — это говорить своими устами то же самое, что Бог говорит в Своем Слове. Это согласование слов наших уст с написанным Словом Божьим.

В 115-м Псалме, 1-м стихе сказано: *«я веровал, и потому говорил…»*. Во 2-м Послании к Коринфянам Павел применяет эти слова к исповеданию нашей веры:

Но, имея тот же дух веры, как написано: «я веровал и потому говорил», и мы веруем, потому и говорим…

2 Коринфянам 4:13

Говорение является естественным способом самовыражения веры. «Вера», которая молчит, является мертворожденной.

На протяжении всей Библии подчеркивается, что между нашими устами и нашим сердцем существует самая прямая взаимосвязь. В Евангелие от Матфея 12:34 сказано: *«Ибо от избытка сердца говорят уста»*. Другими словами, уста являются тем переливным краном, через который вытекает избыток содержимого нашего сердца. Исходящее из уст говорит о содержимом сердца.

В естественных условиях, если через кран из цистерны поступает грязная и затхлая вода, то не стоит верить утверждениям, что остальная вода в цистерне чистая. Где-то внутри этой емкости находятся грязь и гниль. Точно так же обстоит дело и с нашим сердцем. Если наше сердце наполнено верой, то это будет выражаться в том, что мы говорим своими устами. Но если из наших уст исходят слова сомнения и неверия, — это является очевидным свидетельством того, что где-то внутри нашего сердца находится сомнение и неверие.

Будучи санитаром британской армии в Северной Африке во время Второй Мировой войны, я некоторое время был ассистентом доктора-шотландца, отвечавшего за небольшой полевой госпиталь, предназначавшийся исключительно для лечения дизентерии. Каждое утро, совершая обход, доктор обязательно сначала говорил каждому больному следующее: «Доброе утро! Как дела? А ну-ка, покажите мне ваш язык!»

Участвуя в этом медицинском «ритуале» каждый день, я заметил, что того доктора гораздо больше интересовало состояние языка больного, чем ответ на вопрос: «Как дела?» С тех пор я неоднократно убеждался, что то же самое относится и к нашим взаимоотношениям с Богом. Мы можем сами предложить Богу отчет о собственном духовном состоянии, но Бог, подобно доктору, делает заключение в основном по состоянию нашего языка.

Определяя основные требования для спасения, Павел делает одинаковый упор, как на важность веры в сердце, так и на исповедание уст:

Но что говорит Писание? «Близко к тебе слово, в устах твоих и в сердце твоем», то есть слово веры, которое проповедуем. Ибо, если устами твоими будешь исповедывать Иисуса Господом и сердцем твоим будешь веровать, что Бог воскресил Его из мертвых, то спасешься; потому что сердцем веруют к праведности, а устами исповедуют ко спасению.

Римлянам 10:8-10

В каждом из этих трех стихов Павел говорит об устах и о вере, но важно увидеть тот порядок, в котором он их упоминает. В 8-м стихе сначала упоминаются уста, а затем сердце. В 9-м стихе снова идет речь сначала об устах, а затем о сердце. Но в 10-м стихе порядок изменен: сначала сердце, потом — уста.

Я полагаю, что это соответствует нашему практическому опыту. Мы начинаем со слова Божьего в наших устах. Исповедав его устами, мы принимаем его в сердце. Чем более настойчиво мы исповедуем его устами, тем тверже оно запечатлевается в нашем сердце. Когда, таким образом, вера утверждается в нашем сердце, тогда для правильного исповедания не надо делать ощутимых усилий. Вера естественным образом выражается в том, что мы говорим своими устами. Впоследствии, когда мы продолжаем выражать растущую в сердце веру устами, — мы все дальше продвигаемся в полноту благословений спасения.

Подтверждение тому, что это работает именно так, я нашел когда обнаружил, что заучивание в еврейском языке дословно называется «выучиванием устами» (в русском языке это прекрасно иллюстрируется фразой «выучить наизусть» — примеч. редактора). Как это свойственно еврейскому языку, он показывает практический способ достижения результата. Чтобы навсегда выучить что-то, мы повторяем это снова и снова своими устами. Сама фраза «выучить устами» («выучить наизусть») подразумевает, что запоминание наступает в процессе использования наших уст. Мы повторяем устами то, что нужно выучить, до тех пор, пока это запоминается нами и воспроизводится без усилий. Таким образом, то что начинается нашими устами, постепенно запечатлевается в нашем сознании и сердце.

Так будучи ребенком, я выучил таблицу умножения. Я повторял ее снова и снова: семью семь — сорок девять; семью восемь — пятьдесят шесть; семью девять — шестьдесят три и т.д. И, в конце концов, я выучил ее наизусть. Таблица умножения крепко запечатлелась в моем сознании. Она стала неотъемлемой частью моего естества. Сегодня, более чем пятьдесят лет спустя, вы можете разбудить меня посреди ненастной ночи, наполненной громами и молниями, и спросить «Сколько будет семью семь?» И хотя я, возможно, удивлюсь, почему вы спрашиваете об этом в такой час, но тем не менее без всякого усилия и сомнения отвечу: «Сорок девять».

Точно таким же образом Слово Божье запечатлевается в нашем сознании. Всякий раз, когда нашей вере брошен вызов, мы помогаем нашей вере победить — исповедуем слово Божье, соответствующее нашей ситуации. Сначала это дается с усилием. Наши чувства могут принуждать нас к тому, чтобы сказать что-то, противоречащее Слову Божьему. Но мы должны ходить не чувствами, а верою и приводить свои слова в соответствие со Словом Божьим. Постепенно это начнет даваться без усилий. Для нас станет естественным исповедовать устами то, что Бог говорит в Своем Слове.

Важно различать веру и чувства. Чувства основываются на нашем восприятии. Очень часто их выводы противоречат Божьему Слову. Но вера, как мы уже убедились, связывает нас напрямую с Богом и Его Словом. Когда наша вера и наши чувства противоречат друг другу, мы должны через свое исповедание принять сторону веры, а не чувств.

Есть три слова, которые мы должны расставлять в правильном порядке: факты, вера и чувства. Факты находятся в Слове Божьем, и они неизменны. Вера занимает свое место рука об руку с фактами и исповедует их как истину. Чувства могут меняться, но если вера стоит твердо, то в конечном итоге чувства придут в соответствие с фактами. С другой стороны, если мы начинаем не с того конца, больше обращая внимание на чувства, чем доверяя фактам Слова, то мы, в конечном итоге, обязательно окажемся в беде. Наши чувства склонны меняться каждый час. Если мы будем строить нашу жизнь на чувствах, то она будет такой же нестабильной, как и они. «Праведный верою жив будет», а не чувствами!

Пять практических предостережений

Подобная практика неуклонного правильного исповедания нашими устами очень эффективна и мощна. Однако, если злоупотреблять ей, то она может привести к извращениям, которые несут серьезную духовную опасность. Например, это может деградировать и превратиться в самовнушение. Такому подходу учил французский философ Ку, который считал, что лекарством от всех жизненных проблем является повторение: «Каждый день я чувствую себя все лучше и лучше во всех отношениях».

Другая опасность состоит в том, что ревностный, но незрелый христианин может вообразить, что теперь он знает, как «выкрутить Богу руку» и через исповедание самовольно выбранных из Библии отрывков заставить Всемогущего Бога сделать то, что этому человеку нужно или очень хочется. Или же в нашем представлении Бог может быть сведен до некоего подобия торгового автомата, в нужное отверстие которого необходимо вставить нужную монетку — в данном случае «правильное исповедание» — и который обязательно должен выдать то, что вы выбрали.

Вот пять практических советов, как избежать подобных опасных заблуждений.

Первое: относитесь к Богу с благоговением, взращивайте страх Господний. Мы должны проверять свой подход к Богу. В Послании к Евреям 5:7 мы находим такой комментарий о молитве Иисуса в Гефсимании: *«...услышан был за Свое благоговение».* Благоговейное отношение Иисуса нашло свое выражение в Его словах: *«впрочем не Моя воля, но Твоя да будет»* (Луки 22:42). Вот какому примеру мы должны следовать! До тех пор, пока мы не откажемся от своеволия и не подчинимся воле Божьей, у нас не будет духовного основания ожидать ответа на свои молитвы или благословений нашего спасения.

Второе: мы не свободны «исповедовать» все, что мы можем вообразить или пожелать. Наше исповедание должно ограничиваться пределами Слова Божьего и быть сбалансировано им. Всякое исповедание, не основывающееся напрямую на Писании (на его букве и Духе — примеч. редактора), легко может развиться в принятие желаемого за действительное или фанатизм.

Третье: не переставайте постоянно полагаться на водительство Святого Духа. В Послании к Римлянам Павел говорит о том, кто есть *«сыны Божии»:*

Итак, братия, мы не должники плоти, чтобы жить по плоти; ибо, если живете по плоти, то умрете, а если духом умерщвляете дела плотские, то живы будете. Ибо все,

водимые Духом Божиим, суть сыны Божии...
Римлянам 8:12-14

Это в такой же степени относится к нашему исповеданию устами, как и к другим аспектам всей нашей жизни. Необходимо, чтобы Дух Святой показал нам ту Библейскую истину, которую нам нужно принять сердцем и исповедать устами в данной ситуации. Как уже было отмечено в предыдущей главе, только Дух Святой может оперировать вечным *«логос»* и применять его к конкретной ситуации как живое, практическое *«рема»*.

Четвертое: не переставайте зависеть от сверхъестественной Божьей благодати. В Послании к Ефесянам 2:8 Павел указывает на порядок, который никогда не меняется: *«благодатию... чрез веру»*. Всегда сначала благодать, а затем вера. Если мы когда-то перестанем полагаться на Божью благодать, милость и силу и станем уповать на собственные способности, мы получим те же результаты, какие в таком случае получил Авраам (попытавшись достичь Божьих обетований, не Божьими методами, минуя Божью благодать — примеч. редактора) — Измаила, а не Исаака.

Пятое: важно правильно оценивать свидетельство наших собственных чувств. Бог не требует от нас закрыть наши глаза и уши и ходить так, как будто физический, материальный мир вокруг нас не существует. Вера — это не мистицизм. Мы не подвергаем сомнению реальность того, что мы видим через наши чувства. Но мы не считаем свидетельство наших чувств окончательным (более реальным, чем то, что сказал Господь — примеч. редактора).

В Послании к Римлянам Павел подчеркивает, что имеет силу та вера, которая зависит от Божьей благодати, и приводит пример Авраама в том, как разрешать противоречия между верой и чувствами:

Итак по вере, чтоб было по милости, дабы обетование было непреложно для всех, не только по закону, но и по вере потомков Авраама, который есть отец всем нам, – как написано: «Я поставил тебя отцом многих народов», – пред Богом, Которому он поверил, животворящим мертвых и называющим несуществующее, как существующее. Он, сверх надежды, поверил с надеждою, чрез что сделался отцом многих народов, по сказанному: «так многочисленно будет семя твое». И, не изнемогши в вере, он не помышлял, что тело его, почти столетнего, уже омертвело, и утроба Саррина в омертвении; не поколебался в обетовании Божием неверием, но пребыл тверд в вере, воздав славу Богу, и будучи вполне уверен, что Он силен и исполнить обещанное.

Римлянам 4:16-21

Чувства Авраама говорили ему, что они с Саррой физически не были способны к деторождению. Но Бог пообещал им сына. Авраам не делал вид, что свидетельство его чувств о старости его собственного тела и тела Сарры не было реальным. Он просто не признавал этот факт окончательным. Когда Божье Слово обещала ему одно, а его чувства говорили другое, он упорно держался за Божье обетование, не позволяя своим чувствам вызывать в нем сомнения в исполнении обещанного. В конце концов, после испытания их веры, физическое состояние тел Авраама и Сарры пришло в соответствие с обетованием Божьим, и они действительно получили способность иметь ребенка.

Точно так же обстоят дела и с нами. Возможно, что некоторое время будет конфликт между Божьей *«рема»* и свидетельством наших чувств о нашей конкретной ситуации. Но если наша вера настоящая, и если мы храним ее так, как Авраам, твердо держимся правильного исповедания, тогда естественное положение вещей, бросающее нам вызов через наши чувства, в свое время придет в соответствие с тем, что говорит Слово Божье.

Исповедание во спасение

Мы отметили, что Павел завершает свое наставление в Послании к Римлянам 10:8-10 следующим утверждением: *«устами исповедуют ко спасению».* Предлог *«ко»* указывает на направление, процесс. Другими словами, мы продвигаемся вперед ко спасению по мере того, как мы продолжаем правильное исповедание.

Однако для того, чтобы поддерживать правильное исповедание, нам нужно понимать объем того «спасения», о котором говорит Евангелие. Христиане сводят свое исповедание к исповеданию грехов, а спасение — к прощению грехов. Это верно, что Бог требует от нас исповедания наших грехов, а спасение включает прощение грехов, но и исповедание и спасение включает в себя намного больше, чем это.

В Псалме 77:21-22 говорится, что гнев Бога воспламенился на Израиль после их выхода из Египта: *«за то, что не веровали в Бога и не уповали на спасение Его».* В предшествующих и последующих стихах ясно говорится, что Божье спасение включало все, что Он совершил для Израиля до этого момента: Его суды над египтянами; разделение Чермного моря; облако, чтобы вести народ днем, и столп огненный, чтобы вести их ночью; вода для питья из рассеченной скалы и манна с неба для еды. Все эти и другие акты Божьего обеспечения и провидения суммированы этим одним всеобъемлющим словом «спасение».

Теперь давайте перейдем к Новому Завету. Смысл греческого глагола *«созо»*, обычно переводимого как «спасать», также намного превосходит просто акт прощения грехов и включает удовлетворение всех наших нужд.

Вот несколько примеров употребления слова *«созо»* в Новом Завете: слово *«созо»* переведено словом «исцеление» в случае с женщиной, страдавшей кровотечением (Матф.9:21-22); слово *«созо»* использовано для описания исцеления человека, не владевшего ногами от утробы матери (Деян.14:8-10); изгнание легиона бесов из одержимого и приведение его в здравый ум — это тоже *«созо»* (Лук.8:36); воскрешение умершей дочери Иаира на языке оригинала также описано словом *«созо»* (Лук.8:49-55). Еще пример: молитва веры, восстанавливающая (*«созо»*) здоровье больного (Иак.5:15). Наконец, во 2-м Послании к Тимофею 4:18 Павел говорит: *«и избавит меня Господь от всякого злого дела и сохранит для Своего Небесного Царства»*. Слово, переведенное здесь как «сохранит» — это *«созо»*. В этом контексте оно включает в себя всякое освобождение, защиту и обеспечение Божье, необходимое для того, чтобы Павел безопасно прошел свой земной путь и попал в вечное Божье Царство.

Таким образом, спасение включает в себя, все приобретенное для нас благодаря искупительной смерти Иисуса на кресте. Является ли эти благословения духовными или материальными, временными или вечными, все они охвачены этим одним великим, всеобъемлющим словом «спасение».

Исповедание является той дверью, через которую мы входим во все то, чтобы было приобретено для нас спасением. Писание содержит ясные позитивные утверждения (мы можем назвать их Божьими обетованиями или обещаниями — примеч. редактора), которые дают нам доступ ко всем сферам Божьего обеспечения. И по мере того, как мы принимаем их верой в свое сердце и исповедуем своими устами, они становятся нашими в реальной жизни.

Например, сатана часто атакует христиан чувством вины, осуждения и неполноценности. Мы можем начать сомневаться даже в Божьей любви к нам. Мы должны победить эти сатанинские нападки, исповедуя устами тем места Писания, которые заставят умолкнуть нашего обвинителя. Вот некоторые примеры:

> *Итак нет ныне никакого осуждения тем, которые во Христе Иисусе...*
>
> Римлянам 8:1

> *Но Бог Свою любовь к нам доказывает тем, что Христос умер за нас, когда мы были еще грешниками.*
>
> Римлянам 5:8

> *И мы познали любовь, которую имеет к нам Бог, и уверовали в нее.*
>
> 1 Иоанна 4:16

Вот что я начинаю исповедовать на основании этих мест Писания: «Я во Христе Иисусе, поэтому я не под осуждением. Бог доказал Свою любовь ко мне тем фактом, что Христос умер за меня, когда я был еще грешником. Я знаю, что Бог любит меня, и верю в эту любовь». По мере того, как я противостою всем нахлынувшим отрицательным чувствам и пребываю в этом положительном Библейском исповедании, осуждение и отверженность уступают место внутри меня для мира и принятия.

Возможно, мы нуждаемся в физическом исцелении и здоровье. Писание так говорит об Иисусе: *«Он взял на себя наши немощи и понес болезни»* (Матфея 8:17), и *«ранами Его вы исцелились»* (1 Петра 2:24). На этих отрывках Писания мы можем опираться в нашем исповедании и искать Божьего водительства в исцелении. Всякий раз, когда болезнь угрожает мне, вместо того, чтобы позволить своему уму начинать рассуждать о симптомах, я реагирую положительным исповедаем: «Иисус взял на Себя мои немощи и понес мои болезни, и Его ранами я исцелился».

Сначала я могу чувствовать себя неуверенно и неловко из-за разницы между симптомами болезни и неизменной истиной Слова Божьего о нашем исцелении. Но по мере того, как я продолжаю исповедовать Божью истину, она становятся частью меня самого, как таблица умножения. Даже если я проснусь посреди ночи с симптомами трех различных заболеваний в своем теле, мой дух все равно сможет совершить правильное исповедание: *«ранами Его я исцелился».*

В Писании есть обетования для всех нужд, которые только могут возникнуть. Например, проходя через период финансовых затруднений, я напоминаю себе, что Писание говорит об этом:

> *Бог же силен обогатить вас всякой благодатью, чтобы вы, всегда и во всем имея всякое довольство, были богаты на всякое доброе дело...*

2 Коринфянам 9:8

Я отказываюсь пребывать в страхе. Я побеждаю страх благодарением! Я продолжаю благодарить Бога за откровение о том, что Его уровень материального обеспечения для нас — это изобилие. Продолжая пребывать в правильном исповедании, я начинаю видеть как действует Бог в данной ситуации и как истина Его Слова становится реальностью в моих финансах.

Так постепенно — одна область нашей жизни за другой, ситуация за ситуацией — происходит исповедание ко спасению. Каждая проблема, с которой мы сталкиваемся, становится стимулом для исповедания, которое провозглашает Божий ответ на эту проблему. Чем более полным, стойким и последовательным становится наше исповедание, тем больше мы входим в полноту нашего спасения и переживаем его реальность.

Первосвященник нашего исповедания

Главной темой Послания к Евреям является первосвященническое служение Иисуса Христа. Как наш Первосвященник Иисус является нашим личным Представителем в присутствии Бога-Отца. Он покрывает нас Своей праведностью, приносит наши молитвы, представляет перед Богом наши нужды и становится Гарантом выполнения Божьих обетований для нас. Однако, прослеживая тему первосвященничества в этом послании, мы обнаружим, что она постоянно связана с исповеданием наших уст. Исповедание, которое мы совершаем на земле, определяет эффективность первосвященнического служения Иисуса в нашу пользу.

Послание к Евреям 3:1 призывает нас уразуметь Иисуса Христа, с одной стороны, как *Посланника* (от Бога к нам), с другой стороны, как *Первосвященника нашего исповедания* (с нашей стороны к Богу). Его служение Первосвященника связано с нашим исповеданием. Именно наше исповедание веры делает священническое служение Иисуса в нашу пользу эффективным. Всякий раз, когда мы делаем верное исповедание, за нами стоит весь авторитет Христа, как нашего Первосвященника. Он становится Гарантом исполнения того, что мы исповедуем. Но если мы не совершаем исповедания веры или исповедуем сомнение или неверие, то мы лишаем Христа возможности служения в качестве нашего Первосвященника. Правильное исповедание вызывает Его священническое служение от нашего имени, а неправильное лишает нас этого.

Послание к Евреям 4:14 снова напрямую увязывает первосвященничество Иисуса с нашим исповеданием: *«Итак, имея Первосвященника великого, прошедшего небеса, Иисуса Сына Божия, будем твердо держаться исповедания нашего».* Здесь подчеркивается необходимость твердо держаться нашего исповедания. Согласовав слова наших уст с написанным Словом Божьим, мы должны следить за тем, чтобы не потерять эту позицию и не съехать к неверию. Мы можем подвергнуться сильному давлению. Может казаться, что все происходит совершенно противоположно тому, что мы могли бы ожидать в соответствии с Божьим обещанием. Все естественные источники помощи могут оказаться закрытыми. Но своей верой и исповеданием мы должны продолжать держаться того, что неизменно — Слова Божьего и Господа Иисуса Христа, как нашего Первосвященника одесную Бога.

Вот как, уже в третий раз, Послание к Евреям подчеркивает взаимосвязь Христова первосвященничества и нашего исповедания:

...и имея великого Священника над домом Божиим, да приступаем с искренним сердцем, с полною верою, кроплением очистивши сердца от порочной совести, и омывши тело водою чистою, будем держаться исповедания упования неуклонно, ибо верен Обещавший; будем внимательны друг к другу, поощряя к любви и добрым делам...

Евреям 10:21-24

Мы видим, что признание Иисуса нашим Первосвященником возлагает на нас три последовательные обязанности. Первая (стих 22) связана с нашим подходом к Богу: мы должны *«приступать с искренним сердцем».* Вторая (стих 23) связана с нашим исповеданием: мы должны *«держаться исповедания упования неуклонно».* Третья (стих 24) связана с нашими братьями: мы должны *«поощрять друг друга к любви и добрым делам».* Центральной между обязанностью по отношению к Богу и обязанностью по отношению к братьям, является наша обязанность по отношению к самим себе — нам самим твердо держаться нашего исповедания. Та степень, в которой мы делаем это, определит ту меру, в какой мы сможем выполнить две другие обязанности — по отношению к Богу и нашим братьям.

В этих трех отрывках из Послания к Евреям, которые мы рассмотрели, важность правильного исповедания подчеркивается с возрастающей силой. В Послании к Евреям 3:1 просто написано, что Иисус — *«Первосвященник исповедания нашего»*. В Послании к Евреям 4:14 мы призваны *«твердо держаться исповедания нашего»*. В Послании к Евреям 10:23 мы призваны *«держаться исповедания упования неуклонно»*. Не подразумевает ли это, что мы будем подвергаться все более возрастающему давлению, которое может заставить нас либо изменить, либо ослабить наше исповедание? Многие из нас могут засвидетельствовать об этом из своего личного опыта. Поэтому такое предупреждение вполне уместно. Каким бы ни было давление против нас, победа наступает только благодаря твердому исповеданию.

В последнем из приведенных отрывков из Послания к Евреям (10:23) нам дается ясная картина, почему мы должны твердо и неуклонно держаться нашего исповедания: *«ибо верен Обещавший»*. Наше исповедание связывает нас с нашим Первосвященником, Который неизменен. Исповедание — это назначенное Богом средство, благодаря которому мы выражаем свою верность Ему и Его Слову, тем самым открывая путь для проявления в нашей жизни Его верности, мудрости и силы.

Заключение

Согласно Божьему плану спасения, вера напрямую связана с исповеданием уст. «Исповедание» означает, что мы «говорим то же, что и» Бог — мы в постоянстве приводим слова наших уст в согласие с тем, что Бог сказал в Своем Слове. Это требует постоянной самодисциплины. В каждой ситуации на нашем пути мы должны отказываться принимать свидетельство наших чувств как окончательное, но решительно подтверждать то, что говорит Слово Божье о каждой такой ситуации, будучи открыты к Его водительству. Поначалу возможны борьба и скованность, но в конце концов Слово Божье становится навсегда запечатленным в нашем сердце и потом естественно изливается через наши уста.

Мы должны следить, чтобы практика исповедания не превратилась в некий механический прием. Вот пять практических предостережений, как избежать этого:

1. Мы должны начать с отказа от своеволия и подчиниться воле Божьей.

2. Наше исповедание должно основываться только на Писании.

3. Мы должны постоянно следовать водительству Святого Духа.

4. Мы не должны полагаться на свои естественные способности, но только на сверхъестественную Божью благодать.

5. При наличии конфликта между нашими чувствами и Словом Божьим, мы должны следовать примеру Авраама: то, что говорят наши чувства, — реально, но не окончательно.

По мере того, как мы будем продолжать все в большей степени применять правильное исповедание в каждой сфере своей жизни, мы будем входить во все большую полноту своего спасения — всего того, что было приобретено для нас благодаря смерти Иисуса Христа на кресте.

Исповедание Слово Божьего в вере напрямую связывает нас с Христом, как нашим Первосвященником в присутствии Божьем, и открывает дверь в нашу жизнь для неизменной Божьей верности, мудрости и силе.

Глава восьмая

ВЕРА ДОЛЖНА ПРОЯВЛЯТЬСЯ В ДЕЙСТВИИ

Вера, как мы уже убедились, должна быть исповедана устами. Но достаточно ли этого? Так часто религиозные люди грешат тем, что произносят пустые слова. Как нам избежать этого? Как мы можем быть уверены, что слова, которые мы исповедуем, действительно исходят из настоящей веры в нашем сердце? На этот вопрос Писание дает простой и практичный ответ: вера, исповедуемая устами, должна подтверждаться соответствующими делами. *«Вера без дел* (т.е. без соответственных действий) *мертва»* (Иакова 2:26).

Вера действует любовью

В Послании к Галатам 5:6 Павел обращается к самой сути вопроса: *«Ибо во Христе Иисусе не имеет силы ни обрезание, ни необрезание, но вера, действующая любовью»*. Павел указывает на четыре важных факта в их логической последовательности.

Во-первых, приводя пример обрезания, Павел говорит, что никакой внешний ритуал или церемония сами по себе не изменяют нас и не выделяют в глазах Божьих. Прежде всего Бог озабочен нашим внутренним состоянием, а не внешними действиями.

Во-вторых, истинное христианство без настоящей веры невозможно. Богу можно угодить только верой — Бог принимает только то сердце, которое наполнено верой. Ничто другое не сможет заменить его! В пятой главе мы уже отметили, что Библия настоятельно подчеркивает необходимость и первостепенность веры.

В-третьих, Павел говорит нам о том, что вера действует. Вера по самой своей природе активна. Там, где нет соответствующих действий, — нет настоящей веры.

В-четвертых, вера естественным образом действует любовью. Там, где не проявляется любовь, — нет истинной веры. Любовь по своей сути позитивна, она укрепляет, наставляет, утешает, созидает. Где все действия отрицательные, критикующие, немилосердные, — там нет свидетельства любви, а значит нет и веры. Такие действия могут исходить из религии, но явно не из веры.

Одна книга Нового Завета особенным образом подчеркивает взаимосвязь веры и дел — это Послание Иакова. Некоторые толкователи Библии полагают, что у Иакова и Павла разные подходы к вере. Они говорят, что Павел подчеркивает спасение только по вере (без дел), а Иаков считает, что *«человек оправдывается делами, а не верою только»* (Иак.2:24). Лично я не нахожу никакого противоречия: эти две точки зрения дополняют друг друга. Мы получаем оправдание только верой, без дел, потому что нет таких дел, которыми мы могли бы заработать праведность. Но как только нам вменена праведность по вере, она должна естественным образом выражать себя через дела.

Итак, Павел говорит нам, *как мы можем получить* праведность от Бога, а Иаков говорит, что должно происходить в результате этого, *когда мы уже получили* праведность от Бога. Я не вижу противоречия между этими двумя углами зрения: просто ударение сделано на разные стороны одной и той же истины.

Более того, совершенно ошибочно делать заключение (опираясь на слова Павла о получении праведности — примеч. редактора), что Павел не слишком большое значение придает делам. Наоборот! В Послании к Галатам 5:6, как уже было сказано, он показывает, что по самой своей природе вера активна, — она действует! Вера действует любовью! Этой истине Павел уделяет внимание много раз в своих посланиях, в том числе в знаменитой 13-й главе 1-го Послания к Коринфянам, которую называют «Главой любви».

Иаков подчеркивает дела

Основная часть учения Иакова о вере и делах содержится в стихах с 14-го по 26-й во 2-й главе его послания. Мы разделим этот отрывок на шесть главных частей и проанализируем каждую из них по порядку.

Исповедание без дел

Что пользы, братия мои, если кто говорит, что он имеет веру, а дел не имеет? может ли эта вера спасти его? Если брат или сестра наги и не имеют дневного пропитания, а кто-нибудь из вас скажет им: «идите с миром, грейтесь и питайтесь», но не даст им потребного для тела: что пользы? Так и вера, если не имеет дел, мертва сама по себе.

Иакова 2:14-17

Обратите внимание, Иаков описывает человека, который своими устами *исповедует*, что имеет веру. Он говорит о том, что имеет веру, но его поведение противоречит его словам. Встретив брата в отчаянной нужде, этот человек предлагает утешение только на словах, но не делает ничего для того, чтобы помочь практически. Его бездействие в тот момент когда необходима реальная помощь свидетельствует о том, что его слова утешения пусты и неискренни. То же самое относится к нашему исповеданию веры. Если вера не сопровождается соответствующими действиями, — тогда все, что мы имеем, это лишь безжизненные слова, лишенные всякой внутренней реальности.

Богословие и жизнь

Но скажет кто-нибудь: ты имеешь веру, а я имею дела: покажи мне веру твою без дел твоих, а я покажу тебе веру мою из дел моих.

Иакова 2:18

Я всегда воспринимаю этот стих, как личный вызов. Является ли моя вера абстрактной теологией или я показываю делами то, во что верю? Мир устал от теоретических схем и формулировок, но хотел бы увидеть реально действующую модель богословия. Я лично убежден, что то богословие, которое не работает на практике, не имеет ценности.

Вера сатаны не менее «ортодоксальна»

Ты веруешь, что Бог един: хорошо делаешь; и бесы веруют и трепещут.

Иакова 2:19

Возможно, ты непоколебимо тверд в своей вере в Единого истинного Бога Библии — это хорошо, но этого недостаточно. Даже бесы «испокон веков» в это веруют — и трепещут! Я убежден, что дьявол верит всему, что написано в Библии. Он гораздо более «фундаменталист», чем многие богословы! Но чего не хватает такой вере? Ответ прост: послушания! Хотя сатана и бесы веруют в Единого истинного Бога, они остаются в бунте против Него! Истинная вера ведет к покорности Богу и послушанию Ему. Иначе наша вера тщетна!

Пример Авраама

Но хочешь ли знать, неосновательный чело-
век, что вера без дел мертва? Не делами ли
оправдался Авраам, отец наш, возложив на
жертвенник Исаака, сына своего? Видишь ли,
что вера содействовала делам его, и делами
вера достигла совершенства? И исполнилось
слово Писания: «веровал Авраам Богу, и это
вменилось ему в праведность, и он наречен
другом Божиим». Видите ли, что человек
оправдывается делами, а не верою только?

Иакова 2:20-24

Поясняя свою мысль, Иаков обращается к примеру Авраама. Чтобы понять о чем он говорит, нам
необходимо рассмотреть несколько главных моментов из жизни Авраама.

В 12-й главе книги Бытие мы читаем, как Бог
призвал Аврама покинуть Ур Халдейский, чтобы
идти в землю, которую ему надлежит наследовать.
Когда Аврам подчинился, Бог привел его в Хана-
анскую землю. Затем, в 15-й главе Аврам жалует-
ся Богу, что у него все еще нет собственного сына,
наследника этой земли. В ответ Бог показал ему
ночные звезды и сказал: «...*столько будет у тебя*
потомков». Что же Аврам? «*Аврам поверил Господу,*
и Он вменил ему это в праведность» (Быт.15:6). В
этот момент Бог засчитал (вменил) Авраму праведность не на основании тех добрых дел, которые тот
совершил, но исключительно потому, что тот поверил Богу.

Однако, как указывает Иаков, на этом вера Аврама Богу не остановилась, а продолжала развивать-
ся в их взаимоотношениях. Поверив Богу и будучи
засчитанным праведным на основании исключительно своей веры, Аврам затем проявил свою веру в
целом ряде следующих своих действий. В следую-

щих семи главах книги Бытие мы видим, как Бог вел Авраама (имя Аврама было изменено в Бытие 17:5 — примеч. редактора) шаг за шагом, от одного акта послушания к другому, постепенно доводя его веру до совершенства в течение сорока лет.

Наконец, к моменту жизни Авраама, описанному в 22-й главе, он оказался пред лицом наивысшего испытания своей веры — возложением на Божий жертвенник своего сына Исаака. Он сделал это, будучи убежден, что Бог силен воскресить Исаака из мертвых (Евр.11:17-19). Поэтому он и вышел с победой из этого испытания.

Аврам не был готов к такому испытанию в 15-й главе Бытия. Ему потребовалось преодолеть ряд предварительных испытаний и трудностей, ему необходимо было сделать много предварительных шагов послушания, прежде чем он смог возложить на жертвенник своего сына Исаака. Иаков объясняет, что *«вера содействовала делам его, и делами вера достигла совершенства».*

Вера всегда является начальной точкой отсчета. Никакой иной точки опоры быть не может. Как только вера родилась, она начинает проходить ряд последовательных испытаний, на которые она реагирует соответствующими актами послушания — действиями или делами веры. Каждый акт послушания развивает и укрепляет веру и, таким образом, подготавливает ее к следующему испытанию. В конечном итоге через множество таких испытаний и актов послушания вера приходит к зрелости и совершенству.

Пример Раав

Подобно и Раав блудница не делами ли оправдалась, принявши соглядатаев и отпустивши их иным путем?

Иакова 2:25

В качестве последнего примера связи между верой и делами Иаков обращается к истории Раав. Она описана в Книге Иисуса Навина 2:1-22 и 6:21-25. Мне нравится эта история, потому что она подтверждает, что и для безнадежных есть надежда.

Раав была грешной язычницей из города Иерихона, обреченного Богом на уничтожение. Тем не менее, благодаря своей вере, она избежала истребления сама и спасла всех своих домашних, была принята в число народа Божьего и вышла замуж за человека, вместе с которым она упоминается в родословной Иисуса Христа (Матф.1:5).

Однако вера Раав была не пустым исповеданием, а выразилась в соответствующих поступках. Она приняла в свой дом соглядатаев (разведчиков), которых послал в Иерихон Иисус Навин. Когда им угрожала опасность, она, рискуя своей жизнью, спрятала их на крыше. Перед их уходом Раав заключила с ними договор: «Я спасла вашу жизнь. Взамен я прошу, чтобы вы спасли меня и мой дом». Соглядатаи согласились и поклялись, что так и сделают. Фактически, они поклялись от имени Бога, потому что именно Бог решил разрушить Иерехон и сделать это сверхъестественным образом (И.Нав.6:19). Заключив договор, Раав, снова рискуя своей жизнью, спустила соглядатаев через окно своего дома, находившегося в городской стене.

Перед своим уходом соглядатаи дали Раав последнее наставление: «Если хочешь быть спасена, тогда привяжи алую веревку к твоему окну. Если на твоем окне не будет веревки, то ты не спасешься». Ярко-красная веревка была своего рода исповеданием в действии. Ею Раав видимым образом свидетельствовала о своей вере в обещание соглядатаев. Для нас, живущих в свете Нового Завета, эта алая веревка является прекрасным прообразом исповедания нашей веры в кровь Иисуса Христа, пролитую за нас.

История Раав наглядно иллюстрирует взаимосвязь между верой, исповеданием и соответствующими действиями. Раав поверила соглядатаям, что Иерихон обречен на уничтожение. Она также поверила их обещанию спасти ее и ее семью. Но этого было недостаточно. Она должна была исповедать свою веру, поместив в окне ярко-красную веревку. Но и этого тоже, в свою очередь, было недостаточно. Она должна была поступить соответственно своей вере, даже рискуя своей собственной жизнью. И она поступила именно так, сначала спрятав соглядатаев на крыше, а затем спустив их из своего окна. Поэтому вполне уместно то, что алая веревка должна была быть спущена из того же самого окна. Согласитесь, что веревка в окне не спасла бы Раав, если бы она не использовала то окно для спасения соглядатаев. История Раав показывает нераздельную связь между верой, исповеданием и соответствующими действиями.

Заключение, сделанное Иаковом

Ибо, как тело без духа мертво, так и вера без дел мертва.

Иакова 2:26

Иаков заканчивает свой анализ резкой, но яркой аналогией: вера без дел является трупом. Это может быть мумия, красиво облаченная и торжественно хранимая в религиозном оформлении, но все равно мертвая. Только дух может дать жизнь телу. Подобным образом, только дела — соответствующие действия — могут дать жизнь вере.

Вера — это хождение

Итак, мы убедились на примере Авраама, приведенного Иаковом, как важно, чтобы вера выражалась в соответствующих действиях. Также и Павел приводит пример веры Авраама, как образец, которому мы должны следовать:

И знак обрезания он получил, как печать праведности чрез веру, которую имел в необрезании, так что он стал отцом всех верующих в необрезании, чтобы и им вменилась праведность. И отцом обрезанных, не только принявших обрезание, но и ходящих по следам веры отца нашего Авраама, которую он имел в необрезании.

Римлянам 4:11-12

Во-первых, Павел объясняет, что Авраам стал праведным не благодаря обрезанию. Ему вменилась праведность только потому, что он поверил Богу. Обрезание было внешней печатью (знаком) праведности, которая была вменена ему исключительно на основании его веры. Вывод такой, что обрезание само по себе, не основанное на вере, не имеет никакого значения.

Затем Павел говорит, что Авраам, показав пример веры, стал отцом всех последующих поколений верующих, как обрезанных, так и необрезанных. Однако Павел здесь указывает на то условие, которое мы все должны выполнить, независимо от национального или религиозного прошлого, если говорим, что являемся духовными потомками Авраама: мы должны ходить *«по следам веры отца нашего Авраама, которую он имел в необрезании»*.

Павел говорит о *«следах»* веры Авраама. Тем самым он наглядно показывает нам, что вера не является чем-то статичным, неподвижным. Вера — это не состояние и не позиция. Скорее это поступательное движение, которое мы осуществляем шаг за шагом. Каждый шаг происходит из наших личных взаимоотношений с Богом. По этой причине невозможно составить набор правил: как должны действовать все верующие. Разные верующие находятся на разных стадиях хождения в вере. Тот, кто уже много лет является верующим, должен быть намного дальше на этом пути, чем новообращенный. Божьи требования к зрелым верующим отличаются от требований к начинающим. В моем личном хождении верой, на данном этапе я должен делать тот шаг, которые выражает мои взаимоотношения с Богом на данный момент. Я не могу поступать так, как другие верующие, которые являются более зрелыми, чем я, или менее зрелыми.

Итак, вера — это хождение, как результат развития личных взаимоотношений с Богом каждого верующего. Каждый шаг в таком хождении является актом послушания. По мере того как мы движемся во взаимоотношениях с Богом, наша вера, проявляющаяся в постоянных актах послушания, развивается и, в конце концов, становится зрелой.

Заключение

Исповедание нашей веры должно сопровождаться соответствующими действиями, мотивированными любовью. Без этого вера тщетна.

В Послании Иакова устанавливаются три принципа, которые регулируют взаимосвязь веры и дел:

1) исповедание без соответствующих действий бесполезно;

2) богословие должно работать на практике;

3) вероисповедание должно идти рука об руку с послушанием Богу.

Иаков иллюстрирует эти принципы двумя примерами из Ветхого Завета:

1. Бог вменил Аврааму праведность на основании исключительно его веры; но после этого его вера развивалась и совершенствовалась через

жизнь постоянного послушания, выражавшегося в действиях. Кульминационным моментом веры Авраама является возложение Исаака на Божий жертвенник.

2. Раав не просто поверила сообщению соглядатаев; она рисковала своей жизнью, чтобы спасти их. Исповедуя свою веру в их обещание, она повязала алую веревку в своем окне. Таким образом она сочетала веру, исповедание и соответствующие действия.

Иаков делает заключение, что вера без дел безжизненна, точно так же, как тело без духа.

Павел, в свою очередь, использует пример Авраама, чтобы показать, что вера — это не что-то неподвижное, не какое-то статическое состояние, но является поступательным движением, берущим начало из личных взаимоотношений с Богом. Каждый шаг на этом пути является актом послушания. Делая такие шаги, мы развиваем веру и, в конце концов, достигаем зрелости.

Глава девятая

ВЕРА ДОЛЖНА БЫТЬ ИСПЫТАНА

Итак, мы отметили, что вера должна быть исповедана устами и проявлена в действии. Теперь мы рассмотрим третье, что вера «должна». Мы не очень любим сталкиваться с этим обязательным требованием веры, но тем не менее это нельзя обойти: вера должна быть испытана.

Хвала в скорби

В Послании к Римлянам 5:1-11, говоря о наших взаимоотношениях с Богом через веру во Христа, Павел три раза употребляет слово *«хвалиться»*. На языке оригинала это очень сильное слово, обозначающее глубокую внутреннюю уверенность, которая побуждает нас хвалиться.

Во 2-м стихе Павел говорит: *«хвалимся надеждою славы Божией»*. Это понять нетрудно. Если мы действительно верим, что уже теперь являемся наследниками Божьей славы и разделим ее с Ним в вечности, то естественно чувствовать и выражать восторг и радостное предвкушение.

Однако в 3-м стихе Павел снова использует это же слово и говорит: *«И не сим только, но хвалимся и скорбями»*. На первый взгляд это глупо. Как это можно хвалиться скорбями — трудностями, преследованиями, одиночеством и непониманием или бедностью, болезнями и печалями? Почему Павел предлагает нам, а Бог ожидает от нас, что мы будем хвалиться в таких обстоятельствах? К счастью, Павел объясняет нам:

...зная, что от скорби происходит терпение, от терпения опытность, от опытности надежда, а надежда не постыжает, потому что любовь Божия излилась в сердца наши Духом Святым, данным нам.

Римлянам 5:3-5

Суммируя ответ Павла, можно сказать, что причиной хвалы даже среди скорбей является то, что когда испытания и скорби принимаются как благодать от Бога и переносятся в вере, это производит такие результаты в нашем характере, которых нельзя достичь никаким иным способом.

Детально анализируя ответ Павла, мы обнаруживаем, что он перечисляет четыре последовательные стадии в развитии характера, которые являются результатом испытания скорбями. Давайте исследуем все четыре.

Во-первых, *«терпение»* (в смысле «выносливость», «стойкость», «настойчивость»). Это очень важное качество христианского характера. Без него мы не можем войти во многие самые лучшие обетования Божьи.

Во-вторых, *«опытность»* («сильный, зрелый, испытанный характер»). По-гречески это *«докиме»*. Как правило это слово употребляют, когда речь идет о металле, который выдержал испытание в плавильном горне.

В-третьих, *«надежда»* (устойчивая и непоколебимая). Это не мечтательность и не безосновательные фантазии, ведущие к бегству от реальности. Нет, наша надежда является сильным, спокойным, уверенным ожиданием добра — добра, которое в конце концов придет к нам после испытаний.

В-четвертых, *«любовь Божья излилась»* (т.е. уже излита) в наши сердца, что не оставляет места никакому разочарованию и намного превосходит всякую надежду, которой только мы можем утешаться. Трудясь над нашим характером, Господь имеет следующую конечную цель: чтобы мы смогли наслаждаться Его Божественной любовью.

В 11-м стихе мы встречаемся со словом *«хвалиться»* в третий раз: *«не довольно сего, но и хвалимся Богом чрез Господа нашего Иисуса Христа»*. Здесь мы снова имеем Божью цель. Бог не хочет, чтобы наша радость или доверие основывались только на том, что Он сделал для нас, какими бы чудесными ни были Его благословения, дары или забота. Божья цель состоит в том, чтобы мы находили удовлетворение только в Нем Самом, и ни в чем и ни в ком ином. Это невозможно без описанного выше процесса последовательного развития нашего характера. Надежным свидетельством духовной зрелости является такое состояние человека, когда только Сам Бог и только Он один является как источником глубочайшей радости, так и объектом высочайшей преданности.

Интересно провести сравнение между тем, чему учит Павел в 5-й главе Послания к Римлянам, и тем, чему он учит в 13-й главе 1-го Послания к Коринфянам, главе о любви. В Послании к Римлянам Павел показывает, что в полноту Божьей любви мы входим через терпение (выносливость). В 1-м Послании к Коринфянам 13:7 он рассматривает эту истину с другой стороны и говорит, что только любовь имеет достаточно силы, чтобы перенести все испытания: *«любовь все покрывает, всему верит, всего надеется, все переносит»* (версия Института перевода Библии: «Любовь вступается за всех, всему верит, на все надеется и все переносит»). Итак, Писание связывает любовь и терпение неразрывной связью.

В 5-й главе Послания к Римлянам Павел представляет веру, надежду и любовь как три последовательные стадии христианской жизни: вера ведет к надежде, а надежда — к любви. В 1-м Послании к

Коринфянам 13:13 он представляет эти же три качества и в том же порядке, но подчеркивает, что, хотя все три имеют непреходящую ценность, тем не менее любовь из них больше: *«теперь пребывают сии три: вера, надежда, любовь; но любовь из них больше»*. Увидев эти прекрасные качества в зеркале Слова Божьего, мы не должны сводить с них глаз нашего сердца до тех пор, пока они не станут неотъемлемой частью нашего характера. Тогда истина, выраженная в следующих стихах, найдет свое практическое выражение в нашей жизни:

> *Мы же все, открытым лицом, как в зеркале, взирая на славу Господню, преображаемся в тот же образ от славы в славу, как от Господня Духа.*

> 2 Коринфянам 3:18

«От славы в славу» включает в себя в том числе и от веры к надежде, а от надежды к любви.

В Послании Иакова выражается тот же самый принцип: вера получает развитие в испытаниях.

> *С великой радостью принимайте, братия мои, когда впадаете в различные искушения, зная, что испытание вашей веры производит терпение; терпение же должно иметь совершенное действие, чтобы вы были совершенны во всей полноте, без всякого недостатка.*

> Иакова 1:2-4

Павел говорит нам, что мы должны хвалиться скорбями; Иаков говорит, что мы должны воспринимать все испытания с радостью. Оба наставления в одинаковой степени противоречат нашему естественному мышлению, но оба имеют одну цель: испытание — и только испытание — может произвести терпение, и только через терпение мы сможем войти в полноту познания Божьей воли о нас. Иаков выражает это следующими словами: *«чтобы вы были совершенны во всей полноте, без всякого недостатка».* Видя перед собой такую цель, мы имеем логическую причину принимать испытания нашей веры с радостью.

Испытание огнем

Петр, подобно Павлу и Иакову, также предупреждает нас о тех испытаниях, которых нашей вере предстоит пройти. В 1-м Послании Петра 1:5 он говорит о христианах: *«силою Божиею чрез веру соблюдаемые ко спасению, готовому открыться в последнее время».* Он подчеркивает, что только через нашу веру сила Божья может эффективно действовать в нашей жизни: следовательно, наше постоянное пребывание в вере является условием того, чтобы мы сможем принять участие в полном и окончательном откровении Божьего спасения. Затем, в следующих двух стихах он описывает, как наша вера испытывается:

> *О сем (т.е. ожидаемом спасении) радуйтесь, поскорбевши теперь немного, если нужно, от различных искушений, дабы испытанная вера ваша оказалась драгоценнее гибнущего, хотя и огнем испытываемого золота, к похвале и чести и славе в явление Иисуса Христа...*
>
> 1 Петра 1:6-7

Здесь Петр сравнивает испытание нашей веры с тем, как в то время испытывали и очищали золото — огнем в печи. Немного далее он возвращается к той же теме:

> *Возлюбленные! огненного искушения, для испытания вам посылаемого, не чуждайтесь, как приключения для вас странного, но как вы участвуете в Христовых страданиях, радуйтесь...*
>
> 1 Петра 4:12-13

Поначалу, когда мы проходим через *«огненное искушение»*, оно может показаться нам *«странным приключением»*, чем-то чуждым для нашей христианской жизни. Но Петр убеждает нас, что подобное испытание, напротив, является обязательной частью христианской жизни, необходимой для очищения нашей веры, подобно тому, как огонь необходим для очищения золота. Поэтому он призывает нас радоваться. Опять таки, в том, чему учит Петр, как и в словах Павла и Иакова, присутствует кажущийся парадокс сочетания интенсивного испытания с глубокой радостью.

Книга пророка Малахии дает наглядное описание Иисуса как долгожданного Мессии, Который приходит к Своему народу и обращается с ним так, как плавильщик трудится над золотом и серебром:

И кто выдержит день пришествия Его, и кто устоит, когда Он явится? Ибо Он – как огонь расплавляющий и как щелок очищающий, и сядет переплавлять и очищать серебро, и очистит сынов Левия и переплавит их, как золото и как серебро, чтобы приносили жертву Господу в правде.

Малахия 3:2-3

В Библейские времена плавильщик для того, чтобы очистить золото и серебро, клал эти металлы в плавильный тигель, который помещал в пространство с самой высокой температурой, которую только можно было достичь. Обычно для этого использовалась глиняная печь, снабженная мехами для раздувания огня. Когда металл в сосуде начинал кипеть, на поверхность всплывали различные примеси, которые плавильщик тщательно убирал (см. Прит.25:4). Этот процесс продолжался до тех пор, пока все инородное не было удалено, и оставался только чистый металл.

Итак, плавильщик не успокаивался до тех пор,

пока металл в его тигле не становился совершенно чистым, и он мог видеть четкое отражение своего лица на поверхности металла. Точно таким же образом Господь, как наш Плавильщик, не прекращает огонь испытаний, пока не увидит в нас Свое неискаженное отражение.

Испытания и скорби являются тем тиглем, в котором Бог облагораживает и очищает Свой народ, чтобы он соответствовал требованиям Его святости. Разные пророки Ветхого Завета используют этот прекрасный прообраз для описания остатка Израиля, который пережил суды Божьи и вновь обретает Его благоволение. Например, пророк Исаия говорит:

Вот, Я расплавил тебя, но не как серебро; испытал тебя в горниле страдания.

Исаия 48:10

А в Книге пророка Захарии мы читаем:

И введу эту третью часть в огонь, и расплавлю их, как плавят серебро, и очищу их, как очищают золото: они будут призывать имя Мое, и Я услышу их и скажу: это Мой народ, и они скажут: «Господь − Бог мой!»

Захария 13:9

Металлы, прошедшие испытание печью, назывались «очищенными». Только они считались ценными. Металлы, которые не проходили этого испытания, назывались «отверженными». В Книге пророка Иеремии 6:30 Израиль назван *отверженным серебром*, потому что даже суровые и повторные суды Божьи не очистили его.

Уже в Новом Завете Петр, Иаков и Павел, все как один, настоятельно подчеркивают, что в тех испытаниях, через которые мы проходим, испытывается наша вера. Она является металлом высшей пробы, который не имеет ценности до тех пор, пока не прошел испытание огнем. На Последней Вечере

Иисус предупредил Петра, что тот вскоре предаст Его. И затем добавил: *«но Я молился о тебе, чтобы не оскудела вера твоя»* (Лук.22:32) (согласно Греческому лексикону Стронга, здесь подразумевается *колебание, запрещение, отклонение, предотвращение* — в нашем случае, это можно истолковать как неспособность преодолеть кризис, не достичь цели и потерпеть неудачу — примеч. редактора). Ввиду предстоящего давления и слабостей в характере Петра, его падение в час кризиса было неизбежным. Ничто не могло предотвратить это. Но даже в этом случае не все было потеряно. Все равно оставался путь возвращения к Иисусу и исповеданию Его Господом, при одном-единственном условии: если его вера не выйдет полностью из строя.

То же самое истинно и в отношении нас. Будут такие времена, когда мы будем проходит через казалось бы невыносимое давление. Возможно, подобно Петру, мы поддадимся искушению и временно отступим назад. Но не все потеряно! Есть путь возврата: при одном условии — если мы удержим нашу веру. Неудивительно, что вера названа *«драгоценной»* — она намного драгоценнее, чем *«гибнущее золото»*. Если мы не оставим веру под давлением обстоятельств, то мы можем повторить вслед за Иовом те слова, которые он произнес в час испытания, когда казалось бы все было потеряно: *«Но Он знает путь мой; пусть испытает меня, – выйду, как золото»* (Иов 23:10).

Два вида испытаний

В притче о сеятеле в 13-й главе Евангелия от Матфея описываются четыре вида реакции людей на слово Божье. Семя, упавшее при дороге, символизирует тех, чье сердце так и не приняло слово Божье. Семя, упавшее на добрую почву, означает тех, кто приняли Евангелие в свое сердце и затем, в свое время, через веру и послушание, принесли добрый плод в терпении. Но между этими двумя группами Иисус описывает два других типа людей — одни представлены посеянным на каменистой почвой, другие — посеянным в терние. Люди из этих обеих групп приняли слово в свое сердце, но затем не сумели выполнить условия, необходимые для производства доброго пребывающего плода. Поэтому мы можем сказать, что эти две группы не выдержали испытаний, которые пришли после того, как они приняли слово от Бога.

О каких испытаниях идет речь? Давайте сначала рассмотрим то семя, которое упало на каменистую почву. Вот что о таких людях говорит Иисус:

А посеянное на каменистых местах означает того, кто слышит слово и тотчас с радостью принимает его; но не имеет в себе корня и непостоянен: когда настанет скорбь или гонение за слово, тотчас соблазняется.

Матфея 13:20-21

Очень важно обратить внимание, какие именно слова использует здесь Иисус. Он не говорит: *«если* настанет скорбь или гонение…»*, но *«когда* настанет скорбь или гонение…»* Другими словами, раньше или позже, скорбь и гонения обязательно придут в жизнь всех, кто принимает Слово Божье. Вопрос не в том, встретим мы испытания или нет, но насколько сформирован будет наш христианский характер, когда мы окажемся лицом к лицу с этими испытаниями. Будет ли мы готовы, сохранив веру, с победой пройти через них. Для этого мы должны позволить Слову Божьему проникнуть в глубину нашего сердца, приводя все внутри нас в соответствие с Его волей. Там не должно быть *«каменистых мест»*, которые сопротивляются работе Слова Божьего во всех сферах нашей жизни.

А как насчет посеянного в тернии? Вот что говорит Иисус о таких людях:

А посеянное в тернии означает того, кто слышит слово, но забота века сего и обольщение богатства заглушает слово, и оно бывает бесплодно.

Матфея 13:22

Эти люди гибнут не от скорбей или преследований. Как раз наоборот: их губят мирские заботы и обольщение богатством. Стремление к человеческой популярности и материальному успеху настолько заглушают истину Божью, которую эти люди принимают, что, в конечном итоге, она не действует в их жизни. Вместо того чтобы преобразовываться в подобие Христа, они сообразуются с этим неверующим миром, который отвергает Христа.

Итак, вот два вида испытаний, которым подвергнутся все верующие: первое испытание приходит, когда ситуация кажется слишком тяжелой. Второе испытание приходит, когда все слишком легко. Одни люди сходят с дистанции из-за давления трудностей и гонений; другие же сворачивают в сторону под интенсивным влиянием материального успеха.

В Книге Притч мы находим слова, которые относятся к обоим типам верующих. Вот что Соломон говорит о тех, кто сходит с дистанции под давлением: *«Если ты в день бедствия оказался слабым, то бедна сила твоя»* (Притчи 24:10). О тех же, кто сворачивает в сторону, увлекаемый успехом, Соломон говорит: *«упорство* (в расширенном переводе: отступничество, ослабление, успокоение) *невежд убьет их, беспечность* (благоденствие, успех) *глупцов погубит их»* (Притчи 1:32). Как ни трагично, однако сам Соломон в конечном итоге оказался во второй категории. Несмотря на всю ту мудрость, которую он получил от Бога, в конце концов беспечность превратила его в глупца и погубила его.

С другой стороны, мы видим, как Моисей достойно прошел оба испытания. В течение сорока лет он наслаждался богатством и роскошью царского двора, будучи потенциальным наследником трона фараона. Но, придя в зрелые годы, он повернулся спиной ко всей этой роскоши и выбрал тропу одиночества и кажущейся неудачи. В Послании к Евреям мы находим наглядное описание этого:

Верою Моисей, пришед в возраст, отказался называться сыном дочери фараоновой, и лучше захотел страдать с народом Божиим, нежели иметь временное, греховное наслаждение...

Евреям 11:24-25

В течение последующих сорока лет Моисей подвергался скорбям. Он был изгнанником из своего народа, ничтожным в глазах мира, пас стада овец своего тестя в глухих углах унылой пустыни.

Тем не менее после того, как Моисей, в конце концов, прошел эти два испытания, в возрасте восьмидесяти лет он появляется на сцене, как посланный Богом избавитель и лидер своего народа. Какой удивительный пример для тех слов, которые мы цитировали ранее:

Терпение же должно иметь совершенное действие, чтобы вы были совершенны во всей полноте, без всякого недостатка.

Иакова 1:4

Два обманщика

Ридьярд Киплинг в своем знаменитом стихотворении «Если» очень тонко подметил: «Если ты смог встретить в своей жизни Триумф и Бедствие, и распознать, что эти два обманщика по сути есть одно…». Назвав успех «Триумфом», а неудачу «Бедствием», Киплинг дает очень проницательное описание — оба эти господина являются обманщиками. Ни первое, ни второе не являются тем, кем они кажутся. И первое, и второе непостоянно и обманчиво.

К счастью, нам дан прекрасный пример, как обращаться с этими двумя обманщиками. Никто не прошел эти два искушения так полно, и никто не испытывал нападок с их стороны так сильно, чем Сам Иисус. Он пережил моменты небывалого успеха, когда толпа стелила свою одежду на Его пути и приветствовала Его как Божьего пророка и грядущего царя. Точно так же Он пережил моменты, казалось бы, совершенного провала, когда неделю спустя та же толпа кричала: «Распни Его! Распни Его!», в то время как ближайшие друзья и последователи покинули Его. Однако, Иисус никогда не обольщался успехом, и не был сломлен напастями. Проходя оба эти испытания, Иисус был движим только одной высшей целью — исполнить волю Отца и завершить то, что Отец поручил Ему. Неуклонное следование этой цели дало Ему с победой пройти оба испытания — как успехом, так и напастями.

Послание к Евреям бросает нам вызов, приводя пример сначала ветхозаветных святых, чья вера победила все испытания, затем указывая нам на Самого Иисуса — совершенный пример терпения и окончательной победы:

Посему и мы, имея вокруг себя такое облако свидетелей, свергнем с себя всякое бремя и запинающий нас грех, и с терпением будем проходить предлежащее нам поприще, взирая на начальника и совершителя нашей веры, Иисуса, Который, вместо предлежавшей

*Ему радости, претерпел крест, пренебрег-
ши посрамление, и воссел одесную престола
Божия.*

Евреям 12:1-2

По мере того, как мы следуем этому призыву и
взираем на Иисуса, как на пример для подражания,
мы обнаруживаем, что Он действительно и Начальник, и Совершитель нашей веры (говоря современ-
ным языком — Тот, Кто дает начало, и Тот, Кто
доводит до конца, совершает, делает совершенным
— примеч. редактора). Господь Иисус действием
Своей благодати начал Свой труд в нас, и с помощью
той же благодати завершит его. Его победа является
гарантией нашей победы. Он требует одного — чтобы мы держали свой взгляд на Нем.

Заключение

Писание ясно предупреждает нас о том, что
наша вера подвергнется суровым испытаниям. Они
необходимы для подтверждения ее истинности и развития в нас сильного христианского характера.

Павел перечисляет четыре результата таких
испытаний: 1) терпение или выносливость; 2) опытность (испытанный характер); 3) надежда (спокойное, уверенное ожидание добра от Бога); 4)
наполнение нашего сердца любовью. В конечном итоге испытания приводят нас в такие взаимоотношения
с Богом, где мы находим наивысшее удовлетворение
в Нем, и только в Нем Самом.

Иаков и Петр учат нас, что скорби являются
неотъемлемой частью нашей христианской жизни.
Петр сравнивает испытания, которым мы подверга-
емся, с тем огнем, который используется плавильщи-
ком для очищения золота и максимально возможного
повышения его ценности. Этот же прообраз исполь-

зуют пророки Ветхого Завета для описания Божьих действий с Израилем.

Павел, Иаков и Петр утверждают, что как только мы поймем цель наших скорбей, мы будем принимать их с радостью. Даже если мы терпим временную неудачу под давлением обстоятельств, мы никогда не должны терять свою веру.

Испытания могут быть двух основных видов: во-первых, когда обстоятельства слишком тяжелые; во-вторых, когда они слишком легкие. Моисей является примером человека, который прошел через оба вида испытаний и, в конечном итоге, появился как поставленный Богом лидер для избавления своего народа. Однако, наивысшим примером прохождения через трудности и успех является Сам Господь Иисус. Когда мы следуем Его примеру, Он приводит нашу веру к зрелости и совершенству.

Глава десятая

МЕРА ВЕРЫ

Практическое изучение веры в христианской жизни не может обойтись без понимания «меры веры», чему учит Павел в Послании к Римлянам:

Итак умоляю вас, братия, милосердием Божиим, представьте тела ваши в жертву живую, святую, благоугодную Богу, для разумного служения вашего; и не сообразуйтесь с веком сим, но преобразуйтесь обновлением ума вашего, чтобы вам познавать, что (есть) воля Божия, благая, угодная и совершенная. По данной мне благодати, всякому из вас говорю: не думайте о себе более, нежели должно думать; но думайте скромно, по мере веры, какую каждому Бог уделил. Ибо, как в одном теле у нас много членов, но не у всех членов одно и то же дело, так и мы многие составляем одно тело во Христе, а порознь один для другого члены. И как, по данной нам благодати, имеем различные дарования, то имеешь ли пророчество, пророчествуй по мере веры; имеешь ли служение, пребывай в служении; учитель ли – в учении; увещатель ли – увещевай; раздаватель ли, раздавай в простоте; начальник ли, начальствуй с усердием; благотворитель ли, благотвори с радушием.

Римлянам 12:1-8

Двенадцатая глава Послания Римлянам начинается словом *«итак»*. Однажды кто-то заметил, что если мы встречаем в Библии слова *«посему»* или *«итак»*, то нам необходимо знать почему? и как? (т.е.

о чем говорится перед ними, на вывод чего они указывают — примеч. редактора). В данном случае оно относится ко всему, что было сказано Павлом в предыдущих одиннадцати главах Послания к Римлянам. С 1-й по 8-ю главу он объясняет, как Своей смертью на кресте Христос совершил полное и окончательное искупление от греха и его злых последствий. С 9-ой по 11-ю главу он рассматривает упрямство и слепоту Израиля — народа Божьего, с которым Бог первоначально заключил завет. Он показывает и то, как Бог продолжает относиться к израильтянам с бесконечной благодатью и долготерпением.

Раскрыв милость Божью как к евреям, так и к язычникам, затем Павел говорит: *«Итак...»* В свете всего того, что Бог сделал для нас всех, что должны сделать мы? Каким должно быть наше *разумное* (в других переводах: служение «не по букве», «духовное», «резонное», «логичное» — примеч. переводчика) *служение»*? Чего, в конце концов, Бог ожидает от нас? — чтобы мы отдали Ему *«наши тела в жертву живую, святую, благоугодную»*, чтобы мы полностью и без оговорок возложили самих себя на Божий жертвенник.

Когда Павел говорит *«живая жертва»*, он сопоставляет нашу жертву на Божьем алтаре с жертвоприношениями Ветхого Завета, когда животное, приносившееся в жертву, сначала умертвляли, а потом помещали на алтарь. Согласно Новому Завету от нас требуется, чтобы мы предоставили свои тела в распоряжение Божье — точно также полностью, окончательно и бесповоротно, — но разница в том, что наше тело не убивается. Мы остаемся живыми, чтобы послужить Богу жизнью, а не смертью.

Предоставить свое тело в качестве живой жертвы — это значит отдать это тело в полное распоряжение Богу. Это первая ступень на пути, ведущем в мир Божьей воли и обеспечения. Мы меняем весь наш образ жизни и перестаем *«сообразовываться с веком сим»* — мы *«преобразуемся»*. Это преобразование не происходит от соблюдения религиозного набора правил, регулирующих наше внешнее поведение в таких вопросах, как пища, одежда, развлечения и т.п. Оно берет начало от внутреннего изменения в нашем уме. Мы преобразуемся духом ума нашего. Все наши взгляды, система ценностей и приоритетов коренным образом меняются.

Ранее, в этом же послании Павел говорит нам: *«Потому что плотские помышления суть вражда против Бога; ибо закону Божию не покоряются, да и не могут»* (Римл. 8:7). Выражение *«плотские помышления»* (в Переводе короля Якова: «плотской ум» — примеч. переводчика) описывает тот образ мышления, который стал естественной частью нашей плотской натуры в результате нашего греха и бунта. Такой образ мышления действительно находится во вражде с Богом. Мы сами никогда не доверим врагу важные и сокровенные вещи. Так же и Бог: пока ум человека остается во вражде с Ним, Он не раскроет ему многие чудесные и драгоценные сокровища. Но как только наш ум примиряется с Богом через акт капитуляции и посвящения, он перестает враждовать с Ним, и все в большей степени обновляется Духом Святым.

Только обновленный ум способен воспринять откровение воли Божией — тот особый план, который имеется у Него для жизни каждого из нас. Воля Божья как бы трехгранна, и эти грани открываются нам по мере того, как наш ум все более и более обновляется. Первая грань представляет волю Божью как *«благую»* (букв. «хорошую»): мы обнаруживаем, что Он желает нам только блага. Вторая грань открывает, что воля Божья *«угодная»*: чем больше мы ее понимаем, тем более приемлемой (угодной) она становится для нас. Третья грань — воля Божья *«совершенная»*: это полное, всеобъемлющее обеспечение всех сфер нашей жизни.

Такой обновленный ум не думает о себе более, чем должно (т.е. выше, чем есть на самом деле) (Рим.12:3). Мы перестаем быть гордыми, эгоистичными, самоуверенными. Мы больше не подвержены полетам фантазии и самообмана. Мы становимся трезво и реально мыслящими. Мы развиваем *«здравое суждение»* (в Синодальном переводе: «думайте скромно»). Мы начинаем сообразовывать свое мышление с Христовым, Который сказал Отцу: *«не Моя воля, но Твоя да будет»* (Луки 22:42). Теперь Божьи планы и цели для нас важнее, чем наши собственные.

Это ведет нас к следующему открытию: Бог уделил каждому из нас конкретную *«меру веры»*. Не мы определяем, сколько веры мы должны иметь. Бог уже отмерил ее для нас — ровно столько, сколько нам необходимо. Но согласно какому критерию Бог определяет, сколько веры нам нужно?

Павел отвечает на этот вопрос, объясняя, как функционирует Тело Христово:

Ибо, как в одном теле у нас много членов, но не у всех членов одно и то же дело, так мы многие составляем одно тело во Христе, а порознь один для другого члены.

Римлянам 12:4-5

Мы, христиане, вместе составляем одно единое Тело Христа. В этом Теле каждый из нас является каким-то одним членом, с конкретным местом и конкретной функцией. Один является носом, другой — ухом, третий — рукой, а четвертый — ногой, и т.д.

Далее, в стихах с 12-го по 21-ый, Павел дает более глубокое понимание Церкви, как Тела Христа и предназначения его членов:

*Но Бог расположил члены, каждый в составе
тела, как Ему было угодно.*

1 Коринфянам 12:18

Никто из нас не может по своему усмотрению
выбрать для себя место или функцию в Теле Христовом. Мы можем только найти и занять то место,
которое Бог предназначил именно для нас. Чтобы
это сделать, как уже было сказано, нам требуется
«обновленный ум».

Павел подводит нас к мысли, что как члены
одного Тела, мы нуждаемся друг в друге и зависим
друг от друга. Никто из нас не волен поступать, как
ему вздумается, не обращая внимание на остальных
членов:

*Не может глаз сказать руке: «ты мне не
надобна»; или также голова ногам: «вы мне
не нужны».*

1 Коринфянам 12:21

Голова расположена выше всех остальных членов тела и олицетворяет Самого Христа (Еф.4:15).
В то время как ноги расположены ниже всех частей
тела, на противоположном конце. Тем не менее,
голова нуждается в ногах и не может обойтись без
них. В свете этого мы яснее видим, почему Павел
говорит нам, что для того чтобы найти свое место
в Теле, мы не должны помышлять слишком высоко
о себе, но должны научиться рассуждать трезво и
реалистично.

Картина Тела Христова и его членов помогает
нам понять, что Павел подразумевает под «мерой
веры». Каждый из нас является членом Тела с конкретной функцией. Чтобы выполнять свою функцию, каждому из нас нуждается в своей особой «мере
веры». Тип и объем веры, в котором нуждается каждый член Тела, разные. Глазу для выполнения функции глаза нужна «вера для глаза», руке нужна «вера
для руки», ноге необходима «вера ноги» и т.д. Эти

меры веры не является взаимозаменяемыми. Вера, при помощи которой действует «рука», не подходит «ноге». Вера, благодаря которой «глаз» видит, не пригодна для того, чтобы «ухо» слышало. Каждый член должен иметь свою собственную особую меру веры, которая соответствует его функции.

Как только мы находим свое место в Теле Христовом и начинаем действовать в своей мере веры, мы готовы перейти на следующий уровень Божьего обеспечения — к Его дарам (греч. — «харизмата»). *«И как, по данной нам благодати, имеем различные дарования, то имеешь ли пророчество, пророчествуй по мере веры...»* (Римл. 12:6). Вдобавок к пророчеству Павел упоминает еще шесть даров: служение, преподавание, увещевание, раздаяние, руководство и благотворение. Это ни в коем случае не является исчерпывающим списком всех даров, но лишь примером возможного разнообразия.

Здесь устанавливается важный принцип: дары приходят туда, где уже найдено место и функция в Теле. Многие христиане излишне озабочены дарами и служениями. Они сосредоточены на дарах, которые им нравятся. Как правило людям хочется иметь яркие дары, такие как дар исцеления или чудотворения, служение апостола или евангелиста. Это правда, что в 1-м Коринфянам 12:31 Павел призывает нас: *«ревнуйте о дарах больших...»* Но интересно то, что он не говорит нам, что значит «большие дары». Нет никакого единого стандарта, какие дары важнее или больше других. Ценность дара зависит от нашего места в Теле Христовом. Те дары, которые позволяют мне более эффективно выполнять предназначенную мне Богом функцию и являются для меня «большими дарами».

Христиане, которые излишне озабочены яркими, впечатляющими дарами, не обращают должного внимание на предупреждение Павла о необходимости практиковать и развивать здравое суждение (Рим.12:3). Наша первая обязанность заключается не в том, чтобы решать, какие бы дары нам хотелось иметь, но в том, чтобы найти свое место в Теле Христа. Это, в свою очередь, определит те дары, какие необходимы нам для эффективного служения на нашем месте. Опыт свидетельствует, что как только христианин нашел свое место и функцию в Теле Христа, необходимые дары начинают действовать почти автоматически, без ненужных усилий и мучений.

Итак, давайте подведем итог тому, чему Павел учит в Послании к Римлянам 12:1-8. В свете тех неизмеримых благодати и милосердия, которые Бог явил каждому из нас во Христе, нам необходимо пройти следующие этапы:

1. Сначала мы предоставляем свои тела Богу как *«живую жертву»*.

2. Послушание в этом ведет к постоянному и возрастающему обновлению нашего ума Духом Святым.

3. В результате такого обновления ума в нашей жизни наблюдаются и внешние перемены — меняется весь наш образ жизни — мы *«преобразуемся»*!

4. Нашим обновленным умом мы способны обнаружить волю Божью для нашей жизни: во-первых, как волю *«благую»*; во-вторых, как *«угодную»*; в-третьих, как *«совершенную»*.

5. Воля Божья, познаваемая на практике, приводит нас на наше место в Теле Христовом и дает способность функционировать на этом месте.

6. Найдя свое место, мы обнаружим, что Бог уделил нам *«меру веры»*, точно соответствующую нашему месту и функции в Теле — веру чтобы «слышать», если мы должны быть «ухом», веру чтобы «видеть», если нам предназначено быть «глазом».

7. Когда мы функционируем на своем месте в своей мере веры, тогда начинают действовать дары, которые необходимы для того, чтобы наше служение было эффективным.

В шестой главе этой книги мы проанализировали утверждение Павла в Римлянам 10:17, что *«вера от слышания, а слышание от слова Божия»*. Как это соотносится с учением Павла, что Бог уделяет каждому из нас ту особую меру веры, напрямую связанную с нашим местом и функцией в Теле Христовом?

Ответить можно так: «слышание» играет для христианина такую же роль, как радар для самолета. Чем более чувствительным становится наш «радар» к сказанному нам Богом слову *рема* — тому особому слову, с которым Бог обращается к каждому из нас лично — тем более уверенным и легким будет Божье водительство к предназначенному для нас месту и служению в Теле Христовом. Нахождение своего места можно уподобить аккуратному приземлению самолета на посадочную полосу. «Слышание» — это «радар», который приводит нас прямо туда, куда хочет Бог. По мере того, как мы продолжаем слышать новые *рема*, которые приходят от Бога, мы способны уверенно продолжать свой путь к цели и эффективно осуществлять свое служение.

Тот факт, что Бог уделил каждому из нас конкретную меру веры, не означает, что наша вера не изменяется. Напротив, по мере того как возрастают наша способность эффективно функционировать в Теле, в такой же мере возрастает наша вера. Для более эффективного служения требуется и большая вера. И, наоборот, возрастание веры приводит к более эффективному служению. Между верой и служением всегда существует прямая взаимосвязь.

Рассматривая веру в таком свете, мы понимаем, что она не является товаром, который можно обменять или приобрести на религиозном рынке. Она является выражением наших личных взаимоотношений с Богом и результатом посвящения и подчинения, которые приводят нас к гармонии с Божьим планом для нашей жизни. По мере того, как мы продолжаем подчиняться Богу и слушаться Его, наша вера делает нас способными занять наше место и исполнять те функции, которые Бог предназначил именно для нас. Эта вера носит исключительно личный характер, и каждому уделяется определенное количество веры. Моя вера не будет эффективной для вас, а ваша — для меня. У каждого должна быть своя собственная «мера веры», которая соответствует нашей индивидуальной функции в Теле Христовом.

Помню, как будучи молодым христианином, я находился под сильным впечатлением от проявления веры в жизни другого более зрелого верующего, многим пожертвовавшего для Господа и достигшего больших успехов. Не подумав, я однажды сказал: «Господи, думаю, что никогда не смогу иметь веру, подобную этой». Неожиданно, Господь дал мне ясный и практичный ответ: «У тебя не может быть такой веры, потому что она тебе не нужна! Я не прошу тебя делать то, что делает этот человек». До сих пор я благодарен за урок, который я получил тогда: вера, которую Бог мне дает, соответствует тому заданию, которое Он мне поручает.

Позднее, неся свое служение, я встречал многих христиан, которые, судя по всему, этот урок не усвоили. Они постоянно просили веры и боролись за нее, но, казалось, никогда не имели ее в достаточном количестве. Явно не хватало гармонии между их верой и тем, что они хотели сделать. Я убедился, что дело не в том, что Бог дал им недостаточно веры, но в том, что они применяли свою веру в неверном направлении. Они самовольно избирали служение, вместо того, чтобы нести ту функцию, которую Бог предназначил для них.

Представьте себе ногу в перчатке, пытающуюся быть рукой, или руку в ботинке, пытающуюся быть ногой. Конечно, ни та, ни другая не будут функционировать должным образом. Однако, это совсем не означает, что что-то не в порядке с ногой, рукой, перчаткой или ботинком самими по себе. Это может быть хорошая рука и нога, неплохая перчатка и отличный ботинок. Но здесь не достает верного понимания, как что функционирует и взаимодействует. Рука с надетым на нее ботинком и пытающаяся быть ногой — неуклюжа и неэффективна. Точно так же и нога с надетой на нее перчаткой. Но когда рука надевает перчатку и действует как рука, а нога надевает ботинок и действует как нога, тогда возвращается гармония и приходит эффективность. Точно так же обстоит дело с той верой, которую нам дает Бог. Она соответствует предназначенному для нее человеку точно так же, как перчатка соответствует руке, а ботинок — ноге.

Писание говорит о том, как верующие вступают в свое наследие: *«а входим в покой мы уверовавшие...»* (Евреям 4:3). Вера должна вводить нас в Божий покой. Как только мы находим свое место в нашем данном Богом наследии, мы должны познать глубокий и невозмутимый внутренний покой. Не смотря на усердный труд, сильное давление и оппозицию, — посреди всего этого у нас будет внутренний мир. Постоянная борьба и напряжение, непрекращающиеся усилия и попытки почти наверняка свидетельствуют, что мы все еще не нашли Богом предназначенное место и функцию. Мы неуклюжи, как рука в ботинке или нога в перчатке.

Немного дальше в той же самой главе сказано: *«Итак постараемся войти в покой оный...»* (Евреям 4:1). Необходимо старание. Лени и безразличию не должно быть места в христианской жизни. Однако мы обязаны понимать, на что направлять свое старание. Не сказано, что мы должны в первую очередь стараться приобретать веру. Но к нам звучит призыв найти свое место в нашем наследии — то самое место, которое Бог предопределил для нас. После того, как мы найдем свое место, мы сможем функционировать на этом месте не имея постоянной внутренней борьбы и напряжения, — так же естественно, как рука или нога исполняют свои функции.

Заключение

Эффективное христианское служение начинается с акта капитуляции, когда мы предоставляем свое тело Богу как *«жертву живую»*. Это, в свою очередь, ведет к изменению всего нашего образа мышления. Наш ум обновляется. Все наши взгляды, ценности и приоритеты полностью, шаг за шагом, изменяются. Божьи планы и цели становятся важнее наших собственных.

Наш обновленный разум получает способность воспринимать самих себя и других христиан, как членов единого Тела Иисуса Христа. В следствие чего мы стремимся найти то место и исполнять ту функцию, которую Бог предопределил именно нам. В процессе этого мы обнаруживаем, что Бог уделяет каждому из нас индивидуально в точности ту меру веры, которая необходима для нашего места и нашей функции.

Действуя таким образом, с назначенной нам мерой веры на отведенном нам месте, мы открываем дверь проявлению необходимых духовных даров, которые для нас и являются теми «дарами большими».

Однако если нам постоянно не хватает веры или даров (не смотря на то, что мы покаялись, обратились к Богу и искренне желаем служить Ему) то это, как правило, указывает на то, что мы еще не нашли назначенного нам места в Теле Христовом. Найдя свое место, мы сможем войти в Божью гармонию между нашими функциями, нашей верой и дарами.

Глава одиннадцатая

ВЕРА АННУЛИРУЕТ ПОСЛЕДСТВИЯ ГРЕХОПАДЕНИЯ

В этой завершающей главе мы рассмотрим веру еще с одной точки зрения. Мы увидим, что Библейская вера, приходящая от Бога и действующая в нашей жизни, аннулирует последствия грехопадения.

Писание открывает нам, что человек был сотворен в совершенстве, которое он потерял в результате своего непослушания и греха, за что он несет ответственность пред Богом. Однако Бог не захотел оставить человека в его падшем состоянии. Писание прослеживает с самого момента падения человека раскрытие великой темы искупления человека. Это повествование о том, как Бог выкупает человека обратно для Себя через смерть Христа на кресте, и как Он производит восстановление человека, исправляя сердце и пути человека, возвращая человека к первоначальному Божьему предназначению. Ключом в этом процессе восстановления является вера. Другими словами, применение веры в нашей жизни имеет искупительное действие — восстановление того, что мы потеряли в результате грехопадения.

Вера, речь и творчество

Чтобы лучше понять то, как вера восстанавливает то, что было потеряно в результате грехопадения, мы должны рассмотреть природу человека, и те шаги, которые привели его к грехопадению, а также суть искушения, перед которым он не устоял. Затем мы проследим, как вера восстанавливает утраченное. Описание того, каким Бог сотворил человека, мы находим в книге Бытие 1:26: *«И сказал Бог: сотворим человека по образу Нашему, по подобию Нашему...»* Прослеживая эту тему в Писании, мы обнаруживаем, что подобие человека и Бога имеет самый разносторонний характер.

В этой главе мы сконцентрируем наше внимание только на одной стороне Божьей природы — редко упоминаемом, но исключительно важном. Этой стороной Божьей сущности, которая находит свое отражения и в природе человека, является способность применять веру. Как я ранее вкратце упомянул в этой книге, вера является частью вечносущей природы Бога. Его творческая способность исходит из Его веры. Все что Он делает, Он делает с верой. Более того, Его вера находит Свое выражение в словах, которые Он говорит. Его слова являются каналами Его веры, а следовательно, инструментами Его творческой способности.

Действенная сила Божьей веры в Его собственное слово наглядно выражена в Книге пророка Иезекиииля 12:25, где Господь утверждает следующее: *«Ибо Я Господь, Я говорю; и слово, которое Я говорю, исполнится...».* Само вступление *«Ибо Я Господь»* говорит о том, что речь пойдет о вечной и неизменной природе Бога. Что бы Бог ни сказал — все исполняется. Такова Его вера в Собственное слово.

Древнееврейский язык наглядно иллюстрирует этот факт, касающийся Бога и Его слова. В нем есть слово *«дабар»*, которое можно перевести и как «слово», и как «предмет». Только контекст может определить, о чем идет речь: о слове или о предмете — какой перевод предпочесть, хотя зачастую имеется ввиду и то, и другое. Это помогает нам понять, что слова Божьи — это нечто реальное. Когда Бог произносит Свое слово со Своей верой (а Бог не говорит без веры), — это слово материализуется.

Ранее, в шестой главе этой книги, мы рассмотрели, как то же самое истинно и в отношении к греческому слову *«рема»*, используемому в Новом Завете. Божье *«рема»* — произнесенное Им слово, исходящее из Его веры — содержит внутри себя силу для выполнения сказанного.

В Послании к Евреям 11:3 мы узнаем, что вся вселенная была сотворена творческой силой Божьей веры в Его собственное слово: *«Верою познаем, что веки устроены словом Божиим, так что из невидимого произошло видимое»*. За всей видимой вселенной наша вера обнаруживает ту невидимую первопричину творения — слово Божье. Таким образом, человеческая вера различает действие Божьей веры.

В третьей главе нашей книги, рассматривая дар веры, мы обратились к 32-му Псалму, где Давид пророчески отображает этот процесс сотворения изреченным словом Божьим:

Словом Господа сотворены небеса, и духом уст Его — все воинство их. ...Ибо Он сказал, — и сделалось; Он повелел, — и явилось.

Псалом 32:6,9

В книге Бытие 1:3 приведен конкретный пример, как это произошло:*«И сказал Бог: да будет свет. И стал свет»*. Когда Бог сказал слово *«свет»*, — это слово материализовалось и стал существовать такой «предмет»: свет (которого никогда раньше не было). Изреченное Богом слово проявилось в материальном мире.

Мы можем сделать три вывода о вере, которые помогают нам понять ее уникальную силу и важность. Во-первых, вера является частью вечной природы Самого Бога. Во-вторых, вера является той творческой силой, которой Бог сотворил вселенную. В-третьих, вера выражается и приводится в действие теми словами, которые Он говорит.

Поскольку Бог сотворил человека со способностью употреблять веру, мы находим в человеке две другие способности, связанные с верой: способность творить и способность говорить. Примечательно, что обе эти способности, которые человек разделяет с Богом, — отличают человека от животных.

По самой своей природе человек имеет способность творить (в смысле создавать нечто новое, чего не было раньше — примеч. редактора). Он может представить себе что-то, чего ранее не существовало, спланировать его создание, и осуществить задуманное. Это отличает его от всех известных нам животных. Птица, например, может сделать уникально сложное гнездо, но она делает это инстинктивно. Птица никак не может придумать нечто новое, а затем разработать и изготовить его. А человек может. В этом смысле человек находится в постоянном творческом процессе.

Способность говорить (выражать свои мысли) напрямую связана со способностью творить. Без этой способности человек никогда не смог бы сформулировать и выразить свои творческие мысли и цели. Ни одно из известных нам животных не разделяет с человеком этой способности к осознанной, четко сформулированной речи. Это является наглядным свидетельством Божьего подобия в человеке.

Итак, сотворенный по Божьему образу и подобию человек имеет три взаимосвязанных аспекта Божьей природы: способность применять веру (видеть несуществующее), способность говорить (выражать свои мысли) и способность творить (реализовывать задуманное).

Вера — самая главная цель для атак сатаны

Поскольку Бог разделил с человеком способность применять веру, Он ожидает от него использования этой способности. Поэтому сотворив человека, Бог поместил его в такие условия, в которых человеку была необходима вера. Писание ясно говорит, что Бог как Личность не всегда находился в Едемском саду. Он оставил Адаму Своего заместителя — Свое слово. В первой главе книги мы уже отметили, что вера связывает нас с двумя невидимыми реалиями — Богом и Его словом. Именно в такого рода отношениях находился Адам. Он имел прямой личный контакт с Богом, но когда Бога не было в саду, Адам должен был быть связан с Богом через то слово, которое Бог оставил ему:

И взял Господь Бог человека, и поселил его в саду Едемском, чтобы возделывать его и хранить его. И заповедал Господь Бог человеку, говоря: от всякого дерева в саду ты будешь есть; а от дерева познания добра и зла, не ешь от него; ибо в день, в который ты вкусишь от него, смертию умрешь.

Бытие 2:15-17

В стихах 16 и 17 мы видим слова, которые Бог сказал Адаму. Их содержание можно разделить на три части: во-первых, разрешение: *«от всякого дерева в саду ты будешь есть»*; во-вторых, запрещение: *«а от дерева познания добра и зла, не ешь от него»*; в-третьих, предупреждение: *«ибо в день, в который ты вкусишь от него, смертию умрешь»*.

Пока человек оставался в правильных отношениях с Богом через Его слово, он был благословен и пребывал в безопасности. Сатана не мог прикоснуться к нему. Но этот враг человека был решительно настроен разъединить человека с Богом и лишить его Божьих благословений. С присущей ему хитростью он начал атаку на взаимоотношения Адама с Богом не прямо, а издалека. Он поставил под вопрос Божье слово. К тому же он подошел к Адаму через *«немощ-ный сосуд»* — Еву.

Первая встреча сатаны с Евой описана так:

Змей был хитрее всех зверей полевых, кото-рых создал Господь Бог. И сказал змей жене: подлинно ли сказал Бог: не ешьте ни от како-го дерева в раю? И сказала жена змею: плоды с дерев мы можем есть, только плодов дере-ва, которое среди рая, сказал Бог, не ешьте их и не прикасайтесь к ним, чтобы вам не умереть.

Бытие 3:1-3

В своей стратегии по обману Евы сатана начал не с прямого отрицания слова Божьего, что было бы слишком очевидным; сатана начал с того, что поста-вил Божье слово под сомнение: *«подлинно ли ска-зал Бог?..»* Я полагаю, что Ева проиграла сражение в тот момент, когда приняла такое предположение и заинтересовалась этим вопросом. Если мы хотим пребывать в правильных отношениях с Богом, то мы должны просто закрыть свой разум для некото-рого рода вопросов. Но Ева доверилась не Божье-му слову, а своему собственному суждению. Она думала, что ей под силу самой противостать этому вкрадчивому, умному змею, который подполз к ней в саду. Корнем ее ошибки была самоуверенность.

Следующий шаг стратегии сатаны описан далее:

И сказал змей жене: нет, не умрете...

Бытие 3:4

Приняв вопрос, Ева потеряла силу противосто-ять искушению.

Однако стратегия сатаны была еще только на полпути к своей конечной цели. Чтобы уразуметь его задачу, мы должны вспомнить два вывода, которые мы сделали в пятой главе книги. Во-первых, конечной целью истинной веры является Сам Бог. Если мы теряем веру по отношению к Богу, как к Личности, то мы в конце концов потеряем веру и в Его слово. С другой стороны, если мы потеряем доверие к слову Божьему, мы потеряем доверие к Богу, как к Личности, — именно это произошло в случае с Евой. Во-вторых, если мы всегда будем иметь непоколебимую веру в Божью благость, мудрость и способность позаботиться о нас, то у нас никогда не будет мотива согрешить.

Сатана знал все эти принципы и действовал соответственно. Сначала ему удалось подорвать веру Евы в Божье слово, а затем он попытался подорвать ее доверие Самому Богу. И ему удалось достичь этого, сказав:

…но знает Бог, что в день, в который вы вкусите их, откроются глаза ваши, и вы будете, как боги, знающие добро и зло.

Бытие 3:5

Анализируя эти слова сатаны, мы видим, что он постарался выставить в ложном свете Божье отношение к Адаму и Еве. Он хитрым образом подвел человека к такому пониманию, что Бог является властным деспотом, по причине неведения людей держащий их в состоянии незаслуженного унижения. Обвинение сатаны против Бога можно перефразировать следующим образом: «Вы что, на самом деле думаете, что Бог любит вас? Вы что, думаете, что Он хочет дружить с вами? Нет! Разве вы не знаете, что Он поместил вас в сад, чтобы держать под Своим контролем? Вы ничем не лучше рабов. Но вот если вы вкусите от того самого дерева — все изменится! Вам больше не придется подчиняться Богу, зависеть от Него; вы сами станете как Бог».

Именно последнее убеждение окончательно разрушило взаимоотношения Евы с Богом. Ранее она уже потеряла доверие к Его слову, теперь же она потеряла доверие и к Самому Богу. Вместо того чтобы видеть во всем окружающем явное свидетельство любви и благости Бога, Которого она тогда не видела, она приняла в свое сердце темный, циничный образ Бога, как властного деспота, целью которого является содержание ее самой и ее мужа в неполноценном состоянии, намного ниже их настоящего потенциала. Ева поверила сатанинской лжи, что если они вкусят запретный плод, то это моментально высвободит их внутренний потенциал быть равными с Богом! Она рассуждала: «Что может быть более высокой целью, чем стремление к равенству с Богом?» Падение Евы описано далее:

И увидела жена, что дерево хорошо для пищи, и что оно приятно для глаз и вожделенно, потому что дает знание; и взяла плодов его, и ела; и дала также мужу своему, и он ел.

Бытие 3:6

Ключевым словом в этом тексте является *«увидела»*. Ева *«увидела... что дерево...»* Это говорит о переходе из одной реальности в другую. В этот момент Ева оставила свою веру в невидимую реальность Бога и Его слова. Она больше не жила верой. Вместо этого она стала движима тем, что видели ее глаза. Ева начала полагаться на свои физические чувства. Она оставила реалии веры, и спустилась в реалии чувств. В этой низшей реальности дерево имело три свойства, которые привлекли ее: оно было хорошо для пищи; оно было приятно для глаз и было желаемо, поскольку давало знание.

Природа искушения

Апостол Иоанн перечисляет три основные формы искушения:

Не любите мира, ни того, что в мире: кто любит мир, в том нет любви Отчей; ибо все, что в мире: похоть плоти, похоть очей и гордость житейская, не есть от Отца, но от мира (сего).

1 Иоанна 2:15-16

Чувственный мир, согласно Библейской терминологии, состоит из трех элементов: похоти плоти, похоти очей и гордости житейской. В Писании слово «похоть» обычно означает сильное желание, которое становится извращенным и пагубным, и не подчиняющееся Божьим стандартам праведности. Первые две формы искушения, перечисленные Иоанном, являются теми желаниями, которые влияют на человека через его органы чувств. Третья форма искушения взывает к человеческому «эго», к его душе. *Гордость житейская* — это такое внутреннее побуждение человека, которое отказывается признать его зависимость от Бога, но ищет самовозвышения. Словесно это может быть выражено так: «Я могу сам управлять своей жизнью. Мне не нужна полагаться на Бога и зависеть от Его милости. Почему я должен быть ниже и слушаться кого-то?»

Во время искушения в пустыне сатана подошел к Иисусу с каждым из этих трех искушений (Лук. 4:1-13). Он искушал Его превратить камни в хлеб — «похоть плоти». Затем показал Иисусу все царства вселенной в их силе и славе — «похоть очей». Наконец, сатана искушал Иисуса броситься вниз с крыла храма, чтобы явить самовольное чудо, которое прославило бы Его Самого, вместо того, чтобы подчиниться Отцовской воле и искать славы Отцу. Это искушение «гордостью житейской».

Интересно сравнить искушение Адама и искушение Иисуса (Который в 1-м Послании к Коринфянам 15:45 назван *последним Адамом*). Адам был искушаем в прекрасном саду, в окружении многообразных свидетельств Божьей любви и Его обеспечения. Иисус был искушаем в дикой пустыне в окружении диких зверей (Марка 1:13). Адам впал в искушение соблазнившись прекрасным плодом. Иисус победил искушение постом. Насколько глубокое и разительное отличие!

Но вернемся к искушению Евы. Итак, она предстала перед этими тремя видами искушения. Искушение взывало к ее аппетиту — «хорошо для пищи» — «похоть плоти». Оно было направлено к ее взору — «приятно для глаз» — «похоть очей». Оно было обращено к ее «эго», давая обещание сделать ее мудрой и, таким образом, освободить из зависимости от Бога — «вожделенно, потому что дает знание» — «гордость житейская».

Сущность греха не в делание чего-то неправильного. Сущность греха проявляется в желании быть независимым от Бога. Где бы ни появилось это желание, там обязательно повеет духовной опасностью. В случае с Евой, тем средством, которым она надеялась получить независимость от Бога являлось знание — «знание добра и зла». Это одно из самых распространенных средств, при помощи которых человек ищет независимости от Бога. Другими опорами для независимости являются богатство, слава или власть. Одним из самых коварных средств является религия. Мы можем стать настолько религиозными, что перестанем нуждаться в Боге.

Движимая своим желанием к независимости, Ева переместила свое доверие с Божьего слова на свои чувства. В результате этого она быстро стала жертвой тройного искушения и вкусила от плода. Затем она соблазнила и мужа сделать то же самое

— они оба в своем непослушании отвернулись от Бога.

В свете исследования всего происшедшего в Бытие 3:1-6, мы можем подвести итог и дать определение природе искушения. Вера в невидимую реальность Бога и Его слова является присущим от начала и естественным для человека качеством; неверие же является неестественным и извращенным. Искушение отвращает человека от его естественной веры в Бога и Его слово. Соблазн искушения действует через чувства человека, через его душу. По своей сути всякое искушение — это искушение к неверию. Искушение использует желание независимости от Бога. Результатом неверия является непослушание Богу.

Вера — это противоядие

Вера действует в направлении, прямо противоположном искушению. Вера требует отказа как от доверия нашим чувствам, так и от эгоистичных амбиций самовозвышения себя в своей независимости от Бога. Она утверждает превосходство невидимой реальности Бога и Его слова, требует от человека смирения и признания своей зависимости от Бога. Таким образом, вера восстанавливает то, что утрачено в результате грехопадения, и открывает дорогу для возвращения человека к его первоначальным отношениям с Богом.

Встретив Божье требование верить, с одной стороны, и свидетельство чувств, с другой, человек оказывается на распутье. На него воздействуют две противоположные силы. Эти два пути описаны в Книге пророка Аввакума 2:4: *«Вот, душа надменная не успокоится, а праведный своею верою жив будет».* Как мы уже заметили, вторая часть этого стиха три раза цитируется в Новом Завете, предоставляя для оправдания верой, а не делами то основание, которое является неизменным на протяжении всей Библии. Однако чтобы понять всю противоположность этих двух путей, мы должны увидеть, что обе части этого стиха исключают друг друга — в нашей жизни будет или одно, или другое.

Первая часть стиха описывает человеческую душу в ее бунте против Бога. Расширенный перевод этого места Писания звучал бы примерно так: «Вот душа его раздувается и расширяется в самодовольстве. Нет прямоты и основания в нем…» Это относится к тому, что Иоанн называет *гордость житейская* (1Иоан.2:16). Можно перефразировать слова Аввакума так: «Душа, которая возносит сама себя, становится извращенной». Надменное человеческое «эго», которое жаждет самовозвышения, отвергает стандарты Бога и Его слова и предпочитает доверять своим собственным чувствам, знаниям и понятиям, ища независимости от Бога.

Вторая часть стиха описывает альтернативный путь. Человек, который делает веру основанием своей жизни, смиряет себя перед Богом, принимает Его слово в качестве стандарта жизни, отказываясь полагаться на себя и свои чувства. Чувства апеллируют к независимому, надменному человеческому «эго», а вера смиряет это «эго», как бы говоря: «Ты не можешь быть независимым от Бога. Ты должен зависеть от Бога. Ты будешь доверять своим чувствам ровно настолько, насколько они соответствуют Божьему слову. Окончательным критерием того, что правильно, а что — нет, что есть добро, а что — зло, что истинно, а что — ошибочно, являются не твои чувства и твое понимание, а то, что Бог говорит в Своем слове».

Таким образом, вера лишает грехопадение того основания, на котором оно произошло. Грехопадение уловило человека в реалии чувств: «*И увидела жена, что дерево хорошо...*» (Быт.3:6); подпитало человеческое эго: «*будете как боги...*» (Быт.3:5). Все возвышающее себя должно быть выключено, если мы живем праведной жизнью, угодной Богу. Как обесточить эту фабрику греха внутри нас? — включив принципы жизни верой! Вера отменяет как господство чувств, так и хвастливую и возвышающую себя гордыню человеческой души.

В Послании Римлянам 3:27, Павел говорит о том, что истинная вера несовместима с гордыней: «*Где же то, чем бы хвалиться? уничтожено. Каким законом? законом дел? Нет, но законом веры*». Любого рода религиозное чувство или религиозная активность, оставляющие место для человеческой независимости и самовозвышающего эгоизма, не выражает истинной Библейской веры.

Итак, есть два жизненных пути. Человек может отвергнуть зависимость от Бога и полагаться на себя и свои чувства. Или же человек может отказаться от упования на себя и свои чувства и положиться на то, чего он не может постичь своими чувствами — на Бога и на Его слово. Отучая нас от нашего эгоизма и жизни в реалиях чувств, вера возвращает нас к принципу праведности, основанному на доверии к Богу и Его слову. Только такая праведность делает нас способными жить жизнью, которая угождает Богу.

Вера является противоядием против грехопадения.

Заключение

Вера является частью вечной природы Самого Бога. Своим словом, произнесенном в вере, Он сотворил всю вселенную. В своем подобии Богу человек разделяет с Ним три качества Божественной природы: способность применять веру, способность говорить и способность творить.

Сотворив человека со способностью верить, Бог поместил его в такие условия, где эта вера необходима. В Эдемском саду Адам пребывал во взаимоотношениях с Богом, не только напрямую, как с Личностью, но и посредством Его слова, которое Бог оставил ему — слово, которое содержало разрешение, запрещение и предупреждение.

Для того чтобы разрушить взаимоотношения Адама с Богом, сатана приблизился к нему не напрямую, а через *«немощнейший сосуд»* — Еву. Он начал с того, что постарался подорвать веру Евы в слово Божье, сначала поставив его под сомнение, а потом и прямо отрицая его. Затем он перешел к подрыву доверия Евы к Самому Богу. Он подбросил Еве мысль, что ей с мужем нет необходимости оставаться в состоянии подчинения Богу, но они могут достичь равенства с Богом, получив познание добра и зла. Подобное желание быть независимым от Бога и является той внутренней мотивацией, которая ведет к греху.

Таким образом сатана разрушил веру Евы в невидимых реалиях Бога и Его слова. Вместо этого она перешла к доверию своим чувствам. Через запретное дерево она встретилась с тремя основными видами искушения: похотью плоти, похотью очей и гордостью житейской. Спустившись в реалии чувств, Ева уже не имела способности противостоять соблазну — не выдержала искушение и убедила мужа сделать то же самое.

Вера обращает вспять тот процесс искушения, который привел человека к грехопадению. Она понуждает человека отказаться доверять своим чувствам и от своего желания находиться в гордой независимости от Бога. Вдобавок к этому вера вновь утверждает человека в невидимых реалиях

Бога и Его слова. Весь ход жизни человека и ее исход определяется тем, как он поступает с призывом веры.

.

СОДЕРЖАНИЕ:

Дерек Принс

ВЕРА,
КОТОРОЙ ЖИВ БУДЕШЬ

www.ingramcontent.com/pod-product-compliance
Lightning Source LLC
Chambersburg PA
CBHW060254050426
42448CB00009B/1638